나이가 들어도 엄마는 예쁘네

나이가 들어도 엄마는 예쁘네

언젠가 당신의 아이가 건넬 이야기들

박현 에세이

일요일오후

목차

당신의 닭도리탕은 무엇인가요
008

당신의 가장 행복했던 순간
016

"엄마가 딸기를 왜 먹어?"
024

꽃을 선물한 날
032

뜨거운 밥솥을 손으로 만진 사연
042

수능을 마치고 돌아오는 길
050

조금씩 멀어지는 시간
060

산낙지 때문에 죽을 뻔했는데
068

혼자 밥 차려먹기
076

엄마와 영상을 남겨보세요
086

"거짓말하면 혼난다"
096

엄마는 뮤지컬을 본 적이 없다
104

내가 천재인 줄 알았는데
112

우리가 자주 먹던 떡볶이집
120

미아 될 뻔한 사연
128

"이거 좀 먹어봐라"
138

맛없는 감자탕의 변명
146

엄마와 유럽여행
154

동그란 뒤통수
164

필살 음식, 호박죽
172

컵라면 여행
182

콩나물 다듬는 시간
192

엄마에게 전화 한 통을
202

당신의 닭도리탕은 무엇인가요

엄마, 닭도리탕 준비해줘.

올 때마다 먹어도 맛있어?
응, 엄마 닭도리탕이 제일 맛있지.

우리 엄마는 닭도리탕의 달인이다. 아, 잠깐. 이야기에 앞서 '닭도리탕'이라는 이름이 거슬릴지도 모르겠다. 짚어 보자면 그 정확한 명칭이 닭볶음탕인지 닭찜인지, 혹은 일본어 '토리(とり, 새)'를 차용해서 닭'도리'탕인지, 이것도 아니면 생닭을 도려내어 끓인 음식이라 '닭도리'탕인지, 사실 잘 모르겠다. 하지만 어릴 적부터 내가 이 음식을 먹고 싶을 때면 항상 "엄마, 나 닭도리탕 해줘!"라며 이야기해왔으니, 적어도 이 이야기에서는 이 음식을 '닭도리탕'이라는 이름으로 부를까 한다.

보통 닭도리탕은 탕이라 하기엔 모자라고 조림이라 하기엔 넉넉한 고추장 베이스의 국물을 기본으로 한다. 이 국물에 호탕하게 토막 낸 닭 덩이들과 넉넉히 얹은 고춧가루를 센 불에 한 번 바싹 끓이고서는 중간 불로 온도를 유지하며 먹는다. 이 스타일의 닭도리탕을 굳이 국물의 양으로 분류해보자면 찌개에 가까운 음식이라 할 수 있겠다.

하지만 달인이라는 호칭이 아깝지 않은 엄마의 닭도리탕은 여느 곳에서 먹는 것과 조리법이 꽤 다르다. 우리 엄마의 그것은 분류하자면 음, 그래. 볶음이라 부르는 게 맞겠다. 이 닭도리탕은 시장에서 산 신선한 닭에 매실액과 고추장, 고춧가루와 다진 마늘 등을 섞은 진한 양념을 얹는다. 감자와 당근, 양파는 덤이다. 그러고는 중간 불에서 볶음에 가깝게 조려내어 양념이 닭의 속살에도 잘 배인, 그 조리법에 따르자면 '닭볶음'이라 부르는 쪽이 맞을 법한 닭도리탕이 완성되는 것이다.

어릴 적부터 엄마의 닭도리탕을 먹고 자란 나에게는 이보다 입에 맞는 닭도리탕을 찾기가 쉽지 않다. 조금 더 편하게 말하자면 나는 이보다 맛있는 닭도리탕을 먹어본 적이 없다. 그러니 집 내려갈 때면 꼭 한 끼는 이 닭도리탕으로 식사하곤 한다. 내가 전화로 "엄마, 나 닭도리탕 먹고 싶으니까 준비해줘."라고 말하면, 엄마는 그놈의 닭도리탕 이제 질리지 않냐며 혀를 차면서도 다음날 장 보는 메모에 시장 통닭 한 마리를 적어두신다. 그러니 '닭도리탕 해달라'는 말은 엄마와 내게 귀향의 신호이기도 한 셈이다.

 어느 날 별생각 없이 휴대폰 앨범을 돌려보다가 일전에 집에 내려가서 먹은 닭도리탕 사진을 봤다. 맵싸하니 붉은 양념에 윤기가 흐르는 닭도리탕을 보며 맛있겠다, 먹고 싶다 하며 사진을 넘기려는 차였다. 그런데 좌우로 사람들 사진 사이에 덩그러니 놓인 닭도리탕 사진을 보며 뜬금없는 생각이 차올랐다. 처음에는 '엄마 닭도리탕을 이렇게나 가끔 밖에 못 먹네, 좀 더 자주 먹으면 좋겠다' 그리고 곧이어 그러기 쉽지 않다는 현실감과 함께 '아, 시간이 흐르면 고향에 내려간들 이 닭도리탕을 먹지 못할 때가 오겠구나'라는 생각이. 여기서 한 걸음 나아가 '아예 고향에 내려갈 일이 없어질지도 모르겠구나…' 하는, 그런 생각이.
 고등학생 무렵부터 집을 떠나 기숙사 생활을 시작했다.

처음 집을 떠났을 때는 집이 그렇게도 그리워서 한 달이 멀다 하고 집에 내려갔다. 하지만 타지 생활에 차츰 익숙해지자 집을 내려가는 횟수도 점차 줄게 되었다. 타지 생활을 시작하고 농담으로도 짧다 할 수 없는 시간이 지나버린 지금은 한 해에 명절을 포함해 서너 번이나 집에 내려갈까 싶다. 아마 이 횟수는 앞으로 더 줄 일만 남았고 늘어날 일은 없지 않을까.

가끔 집에 내려가 침대에서 잠들기 전에 창밖의 풍광을 바라보노라면 이제는 이 집이 별장처럼 느껴지곤 한다. 집이 집처럼 느껴지지 않는 묘한 감정이 차근히 살펴보자면 당연한 일인 것이다. 그러니까, 이 생소한 감정을 느끼는 만큼이나 엄마와 얼굴을 마주할 시간 역시 점차 줄어든다는 뜻일 것이고. 무엇보다 이제 엄마와 나 사이에 보낸 시간보다 보낼 시간이 더 짧을지도 모르겠다는, 그런 뜻일지도 모르겠다.

세상의 어떤 이야기에든 제목이 있다. 이야기 전체를 표상하거나 함축하는 제목이. 엄마와 나의 시간에 제목을 붙여본다면 어떤 제목이 좋을까. 태어난 순간부터 지금까지 가장 오래도록, 가장 많은 이야기를 나누기도 한 엄마와 나 사이에는 켜켜이 쌓인 시간이 녹아 둘만 이해할 수 있는 몇몇 이야기가 있다. 그러니 아마 이전의 시간들에는 또 다른 제목이 붙어도 좋겠지만, 적어도 홀로서기에 익숙해진 나와 간혹 오는 자식을 반기는 엄마의 시간에는 아마 '닭도리탕'이라는 제목도 꽤 괜찮을 것 같다. 아니 어쩌면 이것만이 제목일 수 있을 것 같기도 하다.

나뿐 아니라 누구에게든 엄마가 떠오르는 음식이, 엄마와의 시간을 함축하는 제목이 있을 것이다. 내게는 닭도리탕인 그것이 누군가에게는 김치찌개일 수도, 누군가에게는 미역국일 수도 있겠다. 물론 그 음식의 이름은 그리 중요하지 않다. 대신 정말 중요한 건 그 시간을 소중히 다듬는 일이지 싶다. 유년기에는 마냥 좋아하는 음식이다가 성년이 되어 그 음식을 보자면 문득 엄마를 떠오르게 하는, 그러다가 더 시간이 지나면 그 음식만 바라봐도 목이 메는 순간이 올 것이다. 같은 이름이되 다시는 맛볼 수 없는 엄마의 음식, 엄마와의 시간이 떠올라서.

그러니 다행히 아직은 오지 않은 그 시간을 소중히 다듬는 수밖에 없겠다. 시간이 지나면 나는 그저 닭도리탕을 보기만 해도 슬퍼지는 순간이 반드시 올 텐데, 그런 순간이 오기까지는 그래도 아직 시간이 꽤 남아 있을 것이다. 그러니 나는 그동안 우리 엄마의 닭도리탕을 더 많이 먹어야지. 엄마와 조금이라도 더 많은 시간을 보내야지. 엄마에게 조금 더 잘해야지. 목이 메고 슬퍼도 함께 보낸 시간이 부족하진 않았나 조금이라도 덜 후회하도록, 오랜 시간이 지나고 뒤를 돌아봐도 그렇게 생각할 수 있도록.

당신의 가장 행복했던 순간

내 새끼들
이제 정말 다 컸네.

"인생에서 가장 행복한 한순간을 꼽으면?"

어디서 들었는지는 정확히 기억나지 않는다. 아마 책이었던가, TV 프로그램이었던가. 어쩌면 그리 어렵지 않게 마주할 수 있는 질문이라 기억이 나지 않는 것일지도 모르겠다. 그런데 어찌 보면 식상한 이 질문을 듣는 순간, 나는 그 이전의 나로 돌아가기 어려워졌다. 종종 생각날 때면 아무리 고민을 해봐도 답하기 어려웠으니까. 그래서 이 질문이 어느 순간이면 내 머릿속을 헤집어놓곤 했으니까.

물론 나도 이제 대단히 많지는 않아도 또 마냥 어리다고 부를 만한 나이는 아닌지라 가족과 연인, 그리고 친구들을 비롯한 이들과 지나온 시간만큼의 소중하고 행복한 추억들이 쌓이기도 했다. 게 중에서 유달리 즐거웠던 순간도 적지 않고, 남달리 행복했던 몇몇 순간들도 떠오른다. 하나 이 많은 순간 중에서 정확하게 한 장면만 꼽아야 한다면, 역시 쉽지 않은 것 같다. 굳이 핑계를 대보자면 하나하나 모두 소중한 순간들이니까, 정도로 둘러댈 수는 있겠다.

지금보다 긴 시간이 흘러 나도 결혼해 아이를 낳고, 그 아이가 아장아장 걸을 즈음이 되어 함께 길거리를 걷는 순간이 오면 이 질문에 답을 할 수 있게 될까. 남 부러울 것 하나 없는, 선명한 행복의 순간이 내 인생의 어느 한 지점에 새겨지게 될까. 엄마가 종종 말씀하시곤 하는 그 한순간처럼. 내가 쉬이 답하지 못하는 이 질문을 엄마에게 건네봤더니, 엄마는 평소에 보기 어려운 확신에 찬 표정으로 말했다. 분명하고도 확실하게 가장 행복한 순간이 있었다고.

여느 날과 다르지 않은 평범한 하루의 점심 즈음이었다. 열 살이 채 되지 않은 아들의 옷을 입히고, 아직 갓난쟁이 딸은 유모차에 눕히고서 엘리베이터를 타고 밖으로 나왔다. 그러고서는 한 손으론 아들의 손을 잡고, 다른 한 손으론 유모차를 밀며 천천히 걸었다. 그러다가 빨간불인 횡단보도 앞에 서서 파란불을 기다리는 중이었는데, 그때 시원한 바람이 엄마의 뺨을 어루만지며 스쳐 갔다. 그러니까, 한 손에는 아들의 손을, 다른 한 손에는 딸의 유모차를 잡은 그때. 따사로운 볕과 시원한 바람이 함께한 그 순간, 엄마는 세상에 어느 하나 부러운 것 없는 행복을 느꼈다. 이 순간은 너무도 선명하여 오랜 시간이 지난 지금도 어제 일처럼 떠올릴 수 있다고, 그렇다고 종종 말씀하시곤 한다.

사실 지금의 나로서는 온전히 이해하기 힘든 이야기였다. 그래도 행복의 순간이란 대개 평온한 일상에서 스치듯 지나간다는 건 알아서, 막연하게나마 그 행복의 감촉이 전해지기는 했다. 물론 직접 들은 나도 이처럼 어렴풋이나마 느끼는 그 순간을 이렇게 글로 온전히 전하기는 역시 쉽지 않지만, 내 부족한 전달력에도 하나 기대하는 바는 있다. 아이를 낳고 길러본 부모님의 입장이라면 아마 나보다 이 이야기에서 공감할 지점이 많으리라는 분명한 기대가. 그 작고 앙증맞은 아이의 보드라운 손을 잡고서 함께 길거리를 걸어본, 그런 부모님이라면 분명히.

이로부터 20년을 훌쩍 넘는 시간이 지나, 얼마 전 대학생이던 동생의 졸업식이 있었다. 사정이 있어 부득이하게 아버지는 올라올 수 없었고, 엄마만 올라오게 되었다. KTX를 타고서 서울역으로 오시기로 했는데, 서울 지리는커녕 혼자서는 복잡한 서울 지하철에서부터 헤맬 게 분명해 내가 모시러 가기로 했다. 그리하여 엄마가 기차에서 내리는 순간부터 마중하고, 동생의 학교로 이동해 함께 점심을 먹고 커피도 한잔했다. 연차를 썼음에도 평일 출근날보다 바쁜 하루였지만, 카페에서 차가운 아메리카노를 마시니 마음이 조금 차분해졌다.

동생네 학교는 안 그래도 캠퍼스가 예쁘기로는 손에 꼽을 만한 학교라 함께 거닐기 좋았다. 내가 엄마의 오른편에, 동생이 엄마의 왼편에 서서 천천히 걸었다. 이런저런 이야기도 나누고 두런두런 사진도 찍으면서. 별달리 한 것도 없는데 시간은 빠르게 흘렀다. 어느 정도 일정을 함께 소화한 뒤 동생은 졸업식의 여흥을 즐기러 떠났고, 나는 엄마를 모셔다드릴 예정이었다. 물론 그전에 서울 구경도 함께 하고서.

삼청동에 팥죽을 아주 잘하는 가게가 있다. 팥죽과 함께 수정과도 잘하는 가게라 내부에 생강 향이 그윽하다. 이 그윽한 생강 향 덕에 가게에 발을 들이는 순간부터 기분이 좋아진다. 팥죽의 맛과 향도 이 생강 향에 못지않다. 잘 쑨 팥죽에다가 커다란 찹쌀떡 한 덩이와 푹 쪄낸 밤을 올리고, 은행과 잣으로 모양을 낸다. 살짝 뿌려진 계핏가루가 팥의 향에 모자라지 않는 풍미를 더한다. 엄마와 함께 팥죽을 먹으며 죽이 좀 비싼 것 같아도 손이 정말 많이 가는 음식이라느니, 금방 배가 꺼지는 게 양이 적어서가 아니라 소화가 잘되어서라느니, 엄마가 끓인 호박죽보다 낫네 못하네 하는 시답지 않은 이야기를 하다가 엄마가 문득 말했다. 오늘 하루 정말 행복한 하루였다고. 일전에 말한 그날이 생각날 만큼이나.

엄마를 서울역의 기차까지 모셔다드리고 배웅까지 마치고서, 집으로 향하는 지하철에 몸을 실으며 생각했다. 어쩌면 엄마가 20여 년 전 그날 심어둔 가장 소중한 행복의 씨앗이 오늘 아름답게 꽃피운 게 아닌가 하고. 생각해보면 그

날과 모든 게 반대로였다. 아직 채 마흔도 되지 않던 젊은 엄마는 어느덧 예순 줄을 바라보는 나이가 되었다. 이에 반해 유모차에서 쌔근거리던 동생은 오늘로 어엿한 사회인이 되었고, 엄마 손을 잡고서 한 발자국씩 길을 따라 걷던 내가 이제는 엄마 앞에 서서 넓은 서울 바닥을 휘젓고 있었다. 그래도 분명한 건, 그렇게나 즐거운 날에 나와 내 동생이 엄마의 옆에 서 있었다는 것이겠다.

이리저리 찍은 졸업식 날 사진을 보면 남자인 나와 작지 않은 키에 힐까지 신은 동생 사이에서, 엄마가 가장 작아 보인다. 그래도 이 사진을 보며 괜히 부쩍 커버린 우리라든지, 엄마 얼굴의 주름 따위는 생각하지 않기로 했다. 괜히 서글퍼지는 생각 따위는 하지 않겠다는 말이다. 대신 나는 이런 세월의 흐름을 두고 행복이 시간을 머금으며 여물어 가는 과정이라고 생각하기로, 그러기로 마음먹었다. 이날 찍은 사진을 보자면 엄마와 나와 동생, 우리는 정말이지 활짝 웃고 있으니까. 그걸로 충분하니까.

"엄마가 딸기를 왜 먹어?"

엄마, 나 저거, 저거 사줘!

예쁘네…

엄마?

내가 가장 편하게 대할 수 있는 사람을 꼽아보자면 어디 보자… 모르긴 몰라도 엄마는 아마 다섯 손가락 안에는 꼽히지 않을까. 이런 의미에서 엄마는 대부분의 이야기를 편하게 할 수 있는 좋은 대화 상대이기도 하지만, 또 어느 때는 편하다는 이유로 내가 본의 아니게, 혹은 욱하는 순간을 못 이겨 마음에 큰 상처를 주는 상대이기도 하다. 그러니 내가 여태 엄마 마음에 박은 못의 개수를 헤아리는 일은 그리 의미 있는 일이 아닐 것이다. 나아가 그 못의 개수뿐 아니라 크기도 제각각이라 말뚝만큼 큰 못도 곳곳에 박혀 있을 것이고, 압정만 한 못은 정말이지 산을 빽빽하게 채운 나무만큼 있지 않을까 싶다.

그 무수한 못 중에서 가장 오래된 것 중 하나이자, 그 모양도 꽤 특이한 못에 관해 이야기해볼까 한다. 이 못은 끝이 그리 뾰족해 보이지도 않고 그 생김새도 앙증맞아 못이라 부를 수 있을까 싶기도 하다. 하나 이토록 오랜 시간이 지나고도 다시금 되새김질할 정도인 걸 보면, 그 크기와 모양새를 떠나 못으로써의 역할은 톡톡히 해냈다고 볼 수 있다. 그러니 못인지 아닌지 의문을 품을 필요는 없겠다. 어찌 보면 대수롭지 않을 이 못에 관한 이야기는 정말 평범하기 그지없는 일상의 대화에서 시작됐다.

"현아, 니 그거 기억 안 나제?"

고등학생 때였는지 대학생 때였는지, 엄마와 함께 식사를 마치고서 소파에 비스듬히 누운 자세로 태평하게 TV를 보며 후식으로 딸기를 먹고 있을 때였다. 깨끗이 씻어 꼭지를 하나하나 정리한 딸기. 매혹적인 붉은빛 과육을 베어 물었을 때, 달콤한 과즙이 입안을 가득 채우는 딸기는 역시 맛있었다. 나는 TV를 보며 딸기를 먹는데 정신이 팔려 대수롭지 않게 어떤 일이냐 여쭈니, 엄마도 역시 마찬가지로

TV를 보며 아무렇지 않게 이야기하기 시작했다. 나 어릴 적의 이야기를.

어느 엄마가 그렇지 않겠냐만, 우리 엄마는 눈에 넣어도 아프지 않을 첫 아이가 좋은 것만 먹고 좋은 것만 입고 좋은 것만 하기를, 그렇게 모든 면에서 최고이길 바랐다. 그래서 평소에도 고기며 생선이며 과일 모두 부족함 없이 먹이고, 계절마다 삼이며 녹용을 달여 먹이질 않나, 옷은 철마다 백화점에서 사다 입혔다. 피아노와 미술 학원을 비롯해 가고 싶다던 학원은 다 한 달씩, 정확히 흥미가 떨어질 때까지 모두 보냈다.

나는 그렇게나 오냐오냐 자라는 와중에, 어릴 적엔 얼굴도 뽀얗고 꽤나 이쁘장하게 생겨서 어딜 가도 귀한 대접을 받았다고 한다. 그래서 어쩌면 당연한 결과였을지도 모른다. 어렸던 나는 버릇도 예의도 없어 다른 사람의 입장을 전혀 생각하지 못하는, 저밖에 모르는 천둥벌거숭이로 자랐다고 한다. 그 앙증맞은 얼굴로 밉상이기 그지없는 짓들을 태연하게 저지르고 다니던 희대의 악동이었다고. 고모들의 표현에 따르자면 "진짜 별나기로 별나기로는 살면서 현이 어릴 때만큼 별난 아는 여태 못 봤다. 이래 철들 줄 아무도 몰랐다."라고 할 만큼.

  1990년대는 지금과 달리 딸기가 귀했다. 지금이야 개량 품종인 설향이나 매향 정도나 좀 비싼 축이지만, 당시에는 그냥 딸기라는 과일 자체가 귀하고 비쌌으니까. 아무튼 비싸거나 말거나, 그렇게나 귀한 자식이 좋아라고 하니 비싼 딸기도 개의치 않고 샀다고. 깨끗이 씻어 꼭지를 깔끔하게 정리하고서 당신은 하나도 먹지 않고 귀한 첫 아이 입에만 쏙쏙 넣어줬다고. 그러면 어미 새가 주는 먹이를 받아먹는 아기 새처럼, 그 자그마한 입을 벌려 딸기를 그렇게나 맛있게 먹었다고 한다.

  사건의 그 날도 엄마는 싱크대에서 딸기를 씻고 꼭지를 따고 있었다 한다. 그러다 한쪽 귀퉁이가 상한 딸기 하나가 눈에 들어왔다 한다. 몰랐으면 모를까 눈에 들어온 이상 그렇게나 귀한 자식에게 한쪽이라도 상한 딸기를 먹이기는 싫은 마음이었다고. 그래서 상한 부위를 칼로 도려내다가 엄마 입에 넣는데, 이때 뒤의 식탁에 앉아 있던 어린 내가 동그란 눈으로 이상하게 쳐다보며 말하더란다.

"엄마, 엄마가 딸기를 왜 먹어?"

그러니 이 철부지는 딸기처럼 맛난 음식이란 다 자기 입에만 넣어야 하는 줄 알았던 것이겠지. 세상에 귀한 건 모두 자기 것이고, 좋은 건 다 제 입에만 들어가는 줄 알았던 이 철부지의 말이란… 또 이 생각 없는 말을 들은 엄마의 마음은 과연 어땠을지 싶었다. 사실 이후에 내가 엄마 마음에 박았을 커다란 못들에 비하자면 대단한 사건도 아니었겠지만, 아마 처음이었을 테니까. 의도를 떠나 당신 배에서 나온 새끼가 그런 말을 한 것이.

내 옆에 앉은 엄마는 이런 이야기를 TV나 보며 심드렁하니 하고 있었다. 물론 듣는 나는 더 이상 아무렇지 않을 수 없었다. 얼굴을 어디에다 둬야 할지… 그러자 엄마가 나를 힐끗 보고는 재밌었는지, 더 민망하라며 딸기 접시를 내 앞으로 들이밀며 너스레 떨었다.

"아이고 현이, 딸기 다 묵어, 엄마는 딸기 안~묵을게!"

이 이야기를 들은 이후로 종종 동생이나 엄마가 내게 이 이야기를 하며 놀릴 때도 있는데 이제는 그나마 익숙해졌다고 말하는 편이 맞을까. 듣고 있자면 여전히 얼굴이 화끈거리지만 모르는 척 뻔뻔한 척하며 그래, 딸기는 내가 다 먹을 거라고 으름장 놓기도 한다. 물론 마음 한구석에는 차오르는 미안함을 풀기 위해 그날 저녁을 사는 건 덤이다.

나는 여전히 딸기를 좋아한다. 매혹적인 붉은 빛에 향긋한 내음. 거기에 달콤한 과육까지. 딸기를 싫어하는 사람이야 드물겠지만, 하고 많은 과일 중에서 괜히 딸기만 보면 눈앞이 아른거리는 이유는 역시 이 이야기 때문이지 싶다. 딸기를 보노라면 엄마 마음의 상처 어린 곳 한편에 여전히 박혀 있을 딸기 모양의 작은 못 하나가 생각나서, 그래서.

꽃을 선물한 날

와, 꽃이다.

엄마, 생일 선물…

꽃, 꽃보다 무용한 선물이 있을까. 아름답다고는 하지만 어떤 쓸모도 없는 꽃. 게다가 며칠만 지나도 시들어 그 아름다움마저 무색해짐에야. 그런데, 꽃집에 가서 직접 꽃을 사보노라면 그 생각이 조금 달라진다.

먼저 플로리스트가 묻는다. 꽃을 고르며 누구에게 줄 선물인지, 어떠한 기념일이라 주는 선물인지. 나는 고분고분 질문에 답하며 선물의 의미를 다시금 떠올린다. 그다음은 선물을 받을 사람이 어떤 꽃을 좋아하는지, 혹은 좋아하는 색이 있는지를 묻는다. 그럼 나는 이 질문에 답하기 위해 선물 받을 상대가 어떤 사람인지, 어떤 취향인지를 곱씹게 된다. 설혹 잘 모르는 상대라도 그 사람에 대해 다시금 생각해보게 되는 것이다.

그러고 나면 플로리스트가 선별한 꽃에 어울리는 포장지를 고르고 잘라 치장을 마치고, 마지막으로 꽃말의 의미를 내게 말해주며 꽃도 건네준다. 그러고서 내 손에 들려 있는 꽃을 보자면 또 이만큼 의미 있는 선물이 없어 보이기도 한다. 이런 과정을 거치며 꽃을 산다는 행위는 어떠한 쓸모 이전에, 온전히 당신만을 생각하며 준비한 선물이란 뜻이 담기므로.

모르긴 몰라도 남자들은 대다수가 이런 마음이지 않을까 싶은데, 나도 어느 시점까지는 꽃이라는 선물을 그리 좋아하지 않았다. 조금 더 솔직히 말하자면 싫어했다는 쪽이 맞겠다. 그러니까, '그거 어디다 쓰려고'. 이 생각이 본심에 가까웠다고 할까. 그러다 차츰 일이든 선물이든 꽃다발을 준비해야 하는 순간들이 생기며 꽃을 바라보는 시선도 조금씩 변하게 되었다. 다만 조금 재미있는 건, 어릴 적 내가 꽃을 바라보던 가장 부정적인 이미지 '그거 어디다 쓰려고…'란 말이 사실 우리 엄마가 내게 심어준 꽃의 이미지라는 점이다.

엄마는 내가 어릴 적부터 꽃을 싫어한다고 했다. 항상 하던 말이 그랬다. '그거 어디다 쓰노?'라는 말. 그래, 꽃은 쓸모가 없으니까. 엄마는 내게 언제나 그저 '엄마'였으니까. 그래서 어릴 적 내게는 그 말이 너무 당연하게 들렸다. 그래, 쓸모. 500원이면 검은 봉지 가득 담아주는 시장 콩나물을 사서 직접 다듬는 우리 엄마. 꼬리 말끔히 다듬어진 마트 콩나물은 쓸데없이 비싸다고 하던. 부티나 보이는 브랜드 외투 대신 구제 외투로 충분하다고 하던, 우리 엄마. 엄마인 엄마는 무엇보다 쓸모를 따지는 사람이었다. 그러니 꽂아놓고 관상용으로나 쓰는 꽃은 쓸모없다고 말하던 엄마의 모습은 내게 당연하게 다가왔다. 이런 당연함 때문일까, 나는 나이가 차고서도 관성적으로 이렇게만 생각했다.

아주 우연한 계기로 이런 말을 하는 엄마에게 꽃 선물을 할 일이 생겼다. 내가 직접 사다가 건넨 것도 아니었다. 입사한 첫 회사에서는 부모님의 생일에 맞춰 꽃다발과 케이크를 보내줬었다. 첫해에 그냥 막연히, 선물이 간다는 정도만 알고 있었다. 그런데 회사에서 일하는 중에 엄마에게 전화가 왔다. 업무 시간에는 전화가 오는 일이 거의 없어 무슨 일인가 하고 받았던 기억이 난다. 그러며 어쩜 이런 선물을 보내주는 좋은 회사가 있냐며 반색했다. 엄마가 그렇게나 들뜬 모습을 보인 적은, 살면서 그다지 많지 않았다. 기분이 묘했다. 나이가 차면서 여러 경험이 쌓여 연인에게 꽃 선물하기는 주저치 않게 되었는데, 엄마에게는 내 손으로 한 번도 꽃을 선물한 적이 없었다.

나는 우스갯소리로 일 년에 한 번은 효도한다며 엄마 생일이면 값비싼 선물을 사고, 예약도 어려운 식당에 엄마를 데리고 가며 혼자 뿌듯해했다. 하지만 그런 값비싼 선물이며 맛있는 음식보다 꽃다발 하나가 엄마를 더 기쁘게 한다는 걸 그제서야 알았다. 대단히 특별하거나 화려한 꽃다발도 아니었다. 아주 평범한, 어디서나 살 수 있는 꽃다발이었다. 그렇지만 그걸로 충분했다. 당연한 말이겠지만 엄마도 엄마이기만 한 건 아니라는 걸, 그제야 알았다. 하지만 나는 "꽃, 그거 어디다 쓰노?" 하던 엄마의 옛날 말을 방패로 삼아 엄마에게 꽃을 선물해야겠다는 생각조차 하지 않았다. 순진한 건지 생각이 없는 건지.

첫 회사를 퇴사하게 되었을 때 엄마가 반쯤 농담으로 이야기했다. "앞으로 생일에 꽃다발이랑 케이크는 못 받겠네."라고. 명절이면 맞춰서 오는 한우나 곶감 세트보다도 꽃다발과 케이크 이야기가 먼저 나왔다. 한우나 곶감 세트가 아쉽다고 했다면 답하기 쉬웠을 텐데. 분명 새 회사에서 명절이면 더 좋은 선물 보내줄 거라고. 하지만 새 회사에서 엄마 생일에 맞춰 꽃다발과 케이크를 보내주기를 기대하긴 어려울 게 분명했다. 그래서 그냥 어색하게 웃으며 넘어갔다. 그러며 다시 한번 되새겼다. 앞으로 꽃다발과 케이크는 내가 챙겨야 하는 몫이란 걸.

지금에 와서 생각해보면, 아마 젊은 적의 엄마는 실제로 꽃을 별로 좋아하지 않았을 것 같기도 하다. 지금의 우리 엄마를 보면 도저히 상상이 안 되지만, 어린 시절에 내가 바라보던 우리 엄마는 요즘 말로 하면 '걸 크러쉬'에 가까운 사람이었다. 하지만 차츰 흐르는 세월 속에서 다도를 배우고, 절에도 다니며 차츰 바뀐 성향이지 않을까 생각이 들기도 한다. 혹은 엄마 자신도 잘 모르던 마음속의 일면을 찾아낸 것일지도 모르고. 아무쪼록 끝은 단순하게 정리할 수 있겠다. 다가오는 시간에는 엄마에게 꽃을 선물하길 주저하지 않아야지. 엄마가 누릴 수 있는 행복을 선물해야지.

아름다운 만큼이나 쓸모없는 꽃.
그런데 이 쓸모 없음이 꽃의 쓸모일지도.
내가 선물하고 싶은 건
쓸모가 아니라 마음이라서.
꽃에는 마음만 오롯이 담겨서.

뜨거운 밥솥을 손으로 만진 사연

웅?

우와아앙

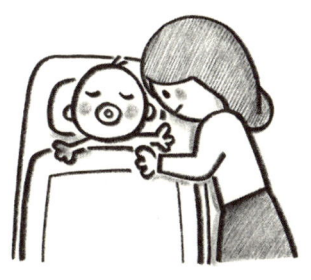

세간에 흔히 '감당 불가'하다 불리는 견종들이 있다. 슈나우저, 코카 스패니얼 그리고 비글을 필두로 치와와 스피츠, 닥스훈트도 그들에 못지않다고 한다. 이 종들은 말썽을 피우기 시작하면 뒤를 생각지 않고 닥치는 대로 집안을 쑥대밭으로 만드는데, 똥오줌을 아무 곳에서나 지리고 곽휴지를 온 집안에 흩뿌리는 건 예사고, 가죽 제품을 물어뜯거나 목제 가구를 갉아먹어 여간 골치 아픈 게 아니다.

견주의 입장에서 보자면 이처럼 곤혹스러운 일도 없지만, 이 개들의 입장에서도 저마다 할 말이 있다. 이들의 감당 불가한 행동에도 그럴 만한 사정이 있는 것이다. 이들은 그 태생이 인간과의 생활에 적합한 종이 아니라 애당초 사냥에 적합하게끔 개량된 종으로, 기본적인 활동량 자체가 여타 종보다 월등히 높다. 그러니 이들이 보이는 감당 불가의 행동이란 넘치는 에너지를 좁은 집안에서 주체하지 못하고 나름의 방식으로 해소하는 과정이라 할 수 있겠다. 다시 말해 충분한 산책으로 넘치는 에너지를 소비시켜준다면, 이들 역시 여느 종처럼 사랑스러운 반려견으로 거듭난다는 이야기다.

사람도 성장 과정에서 이런 개들처럼 넘치는 에너지를 주체하지 못할 때가 있다. 자녀가 있다면 자녀의 어릴 때를, 자녀가 없다면 자신의 어릴 적을 떠올려본다면 모두가 한입을 모아 그럴 것이라 고개 끄덕이지 않을까 싶다. 특히 막 삶의 싹을 움트는 너덧 살 아이들의 활동력과 호기심은 정말 놀라울 정도로 왕성하다. 뛰어다니는 너덧 살 아이들의 꽁무니를 쫓고, 이들이 던지는 '왜?'라는 질문에 일일이 대답하기란 사실 불가능에 가깝다. 그나마 활동량은 집밖에서 마음껏 뛰어놀게라도 하지, '왜'라는 질문 공세를 받다 보면 일일이 답변하기는커녕 '왜'라는 말에 노이로제가 생기지 않을까 걱정될 정도이다.

하지만 다시금 말하되, 아이들의 넘치는 에너지는 너무도 자연스러운 현상이다. 또 자연스러운 만큼 아이들에게 마음껏 뛰어놀 시간을 주고 '왜'라는 질문에 답해주는 게 아이들의 정서 발달에도 정말 중요하다고 한다.

이런 측면에서 우리 엄마는 나와 동생을 키우며 정말 초인적인 인내를 발휘했다. 엄마는 내가 어릴 적에 '왜?'라 물으면 어떤 질문이든 '그냥'이라고 답한 적이 없다. 귀찮고 사소한 질문은 물론이고 당신이 잘 모르는 것도 어물쩍 넘어가지 않고 가능한 선에서 설명해주려 하셨다. 우리 엄마도 완벽한 양육을 했다고 말할 수는 없지만, 적어도 이 부분에서만큼은 부족함이 없었다.

속칭 '빵구' 사건이 있었다. 어릴 적에 가족끼리 차를 타고 가다가 아파트 건설 현장의 타워 크레인을 가리키며 내가 저게 뭐냐 물었다. 질문을 들은 엄마는 지치기도 한 차에 정말 대수롭지 않게 "빵구"라고 답했다가 타워 크레인만 보이면 내가 "빵구다, 빵구!"라며 깔깔거렸다고. 이 일을 계기로 사소한 질문에 엉뚱한 답을 했다가 의외로 큰 문제가 생길지도 모르겠다고 생각하셨다고. 그래서 이후에는 귀찮음을 감수하고서라도 더욱 공을 들여 질문에 답하게 되었다고 한다. 이런 사건을 겪으면서 엄마의 자식 양육은 더욱 지극정성이 될 수밖에 없었다고 할 수 있겠다.

다만 이런 엄마도 기어코 두 손을 든 사건이 있는데, 이른바 밥솥 사건이다. 빵구 사건보다도 시간 축을 앞으로 당겨, 아직 말도 못 하던 두 살배기 시절의 이야기가 되겠다. 아이들의 주체할 수 없는 에너지란 '왜'라는 말도 못 하는 갓난쟁이일 때도, 두 살배기일 때도 마찬가지이다. 표현의 방식이 다를 뿐, 세상을 느끼고자 하는 호기심이 넘치노록 충만하다. 막 세상에 자신의 존재를 알리고 조금씩 자라며 감각이 선명해지면서 세상을 느끼기 시작하는 그즈음의 아이들은, 무엇이든 만지고 냄새 맡고 맛보려 한다. 그러니 손에 집히는 모든 걸 보고 집고 물고 던지기 바쁘다.

그런데 두 살배기 무렵의 나는 그걸로 모자랐나 보다. 이제 막 기어 다니며 이것저것을 보고 쥐고 맛보기 바빴던 나는 어느 하루에 김이 모락모락 압력밥솥에 관심을 가지기 시작했더란다. 호기심 가득한 눈으로 엉금엉금 기어 어딘가에 놓인 밥솥을 향해 간 것이다. 아마 내가 관심 가진 건, 증기였지 싶다. 뭉게뭉게 뽀얀 수증기. 태어나 처음 보는 증기의 뭉치가 얼마나 신기해 보였을까. 그 신기하고도 뜨겁기 짝이 없을 수증기를 향해 보드라운 손을 내밀던 순간, 다행히 엄마가 이 모습을 발견하고서 사색이 된 채로 곧장 나를 다른 곳으로 안아 옮겼다.

하지만 그리 머지않은 미래에 동네에서 별나기로 둘째라 하면 서러워할 악동으로 거듭날 두 살배기는 역시 만만치 않았다. 몇 번을 떼어놓고 TV로 주의를 돌려도 기어코 밥솥을 한번 만져보겠다는 집념을 보였다. 아마 모르긴 몰라도 십수 번은 그러지 않았을까. 밥이 되는 중이라 뜨거워서 밥솥을 따로 옮길 수도 없었을 테고. 그러다가 결국 지친 엄마가 손을 놔버렸다 한다. 엄마가 말하길 그날 어찌어찌 억지로 떼어내도 언젠가 한 번은 일어나고 말 일 같았다고, 직접 해봐야 다시는 안 그럴 것 같았다고. 결국 그 넘치는 에너지에 두손 두발 다 든 셈이다. 그렇게 두 살배기의 나는 호기심 가득한 눈으로 밥솥으로 기어가 뭉게뭉게 신기하고 뽀얀 수증기에 손을⋯

"우아아앙~!"

아마 제 의지로 가장 열심히, 최선을 다해 울었던 순간이 아닐까. 물론 엄마가 보고 있는 중의 일이라 큰 사고야 나지 않았지만, 처음으로 뜨겁다는 감각을 제 몸으로 여실히 느낀 것이다. 그 이후로 한동안 밥솥 근처에는 얼씬도 하지 않았더라는, 뒷이야기.

저놈의 호기심, 혹은 성질머리는 지금도 남아 있어 어떤 일은 결과가 뻔히 보여도 기어코 해보고 말기는 한다. 그러니 천성은 어쩔 수 없다 할까.

수능을 마치고 돌아오는 길

오늘 치른 수학능력고사가…

추운데 고생했어, 내 새끼.

고등학생 때까지 나는 드문드문 자라는 수염을 보면서, 혹은 매년 신체검사 때면 지난해보다 조금 더 큰 키를 보면서나 생각했을까, 내가 정말 나이를 먹어가는 와중이라고 느낀 적이 별로 없었다. 초등학교 저학년에서 고학년으로, 중학교와 고등학교로 진급할 때도 점차 수업 시간이 조금 더 늘고, 야간 자습 시간이 생겨 더 공부하며, 집 대신 기숙사에서 생활하는 걸로 내가 자란다거나 크고 있다고 실감하기는 어려웠다.

그도 그럴 것이 수업 시간이 조금 늘고 야간 자습을 한들, 하루가 굴러가는 모습을 보자면 학원 갈 시간과 학습지 푸는 시간이 수업과 야간 자습이라는 이름으로 대체될 뿐, 삶의 형식이 크게 바뀔 여지가 없었다. 일전에는 풀 엄두도

나지 않던 수학 문제를 어느 순간엔가 대수롭지 않게 해결할 수 있게 된다 한들, 겨우 이런 일로 내가 차츰 어른이 되고 있다고 생각이 들 리도 없었다. 그나마 고등학교 2학년이면 주민등록증이 발급되는데, 고등학교라는 울타리 안에서 이 주민등록증으로 흔히 어른들의 전유물이라 여길 일을 하기도 어려웠다. 그러니 운전을 하거나 술을 마실 수 있는 것도 아니라 이마저도 별다른 감흥이 없었다 할 수밖에 없겠다.

하지만 시간은 성실하다. 어느 정도 다가오기까지는 잘 느껴지지도 않다가, 때가 되면 생각지도 못한 때에 눈앞까지 닥쳐 있다. 마치 무더운 한여름에는 모르다가 어느샌가 서늘하게 다가와 있는, 여름 끝자락의 밤공기처럼. 또 대개의 변화는 이와 같아서 시간이 쌓이고서 뒤돌아볼 때야 와 닿는다. 그저 내가 무디고 눈치 없어 코앞까지 다가온 변화를 알아채지 못할 뿐. 지나고 나서야 유년기가 막을 내렸고, 이제부터 갑작스레 어른으로 살아가야 한다는 걸 일순간에 알게 된 그 날처럼.

수능 당일의 아침은 추웠다. 맑고 청명한 하늘의 푸르름마저 서늘해 보일 만큼 시렸다. 나는 시리도록 추운 날에 시험을 치렀다. 시험 시간이 어찌 흘렀는지는 잘 기억나지 않는다. 그저 한 과목 한 과목 치를 때마다 걱정과 불안이 풍선처럼 부풀었고, 그래도 혹시 모른다는 실낱같은 희망이 다음 시험까지 정신을 붙잡는 아슬아슬한 동아줄이 되었다. 그 기억은 흐릿하지만, 그 감정의 흐름은 지금도 꽤 또렷하다.

마지막 시간에 제2외국어 과목으로 한자 시험까지 치르고서 교실 밖으로 나왔다. 여섯 시밖에 안 됐는데도 그 맑고 청명하던 하늘은 어디로 갔는지, 입김마저 얼어붙는 추위만 그대로인 채 밤이 되어 있었다.

왜 그랬을까. 시험 성적을 직감해서였을까, 혹은 무의식이 시험을 생각하며 불안의 회로를 가동하는 대신 다른 쪽으로 생각을 돌리는 과정이었을까. 뜬금없이 이렇게 내 유년기가 끝났구나… 하는 생각이 들었다. 시험 결과고 뭐고 마음 한 켠에 구멍이 뚫린 듯 어딘지 휑했다. 시험 한 번으로 이렇게 유년기가 끝나다니, 싶은 생각에 어딘지 억울하고 속이 시렸다. 이제 나는 오늘의 시험 성적으로 사회에서 평가받고 경쟁해야 하는 어른이 되는 거구나 하고. 아는 사람 하나 없는 섬으로 떠날 것만 같은 마음이었다 할까. 맥락도 과정도 없었지만, 정말 그랬다.

이미 어느 정도 가늠되는 나의 성적과는 무관하게, 엄마는 내 연락을 기다리며 전화가 오는 순간까지도 기도하고 있었을 터였다. 죄스러운 마음과는 별개로 전화하지 않을 수 없었다. 첩첩한 심정으로 엄마에게 전화를 걸었다. '뚜뚜-' 신호음이 가는 동안 무슨 말을 해야 할지, 무슨 말을 할 수 있을지 싶었다. 신호음이 끊기고서 시험 치고 나왔다고 첫 마디는 했는데, 그다음 말이 도저히 입에서 떨어지질 않았다. 그때 엄마가 말했다.

"내 새끼 춥제, 진짜 고생했다."

저녁 따듯한 거 잘 챙겨 먹고 푹 쉬라고. 그러며 별 질문도 없이 전화가 끝났다.

그때 엄마는 왜 내게 시험 성적을 묻지 않았을까. 당시에는 엄마가 시험 결과를 묻지 않는 게 너무 이상했고, 그 이상한 만큼이나 또 고마웠다. 어쩌면 나보다도 더 궁금했을 텐데. 이 이상한 의문은 차츰 온기와 색을 띠더니 스멀스멀 유년기의 끝자락에 걸쳐 앉아 단단히 형체를 갖췄다. 이후에도 시간은 성실히 흘러 정말 어른의 삶이 시작되었고, 또 어른의 삶은 예상보다도 그리 녹록지 않았지만, 그 따스함이 때론 등대처럼 때론 북극성처럼 희미하거나 밝게 내 마음 한 켠의 길잡이가 되곤 했다.

아마, 목소리였으리라. 엄마는 풀 죽고 가라앉은 내 목소리에서 굳이 묻지 않아도 온종일 기도하던 일의 결과를 어느 정도 알아차렸으리라. 그래서 저보다 더 소중할 자식의 안타까운 결과를 책하는 대신, 그 슬픔을 조금이나마 위로한 것이리라. 생각해보자면 전화 사이사이의 침묵에서 몇 번이나 "시험은 잘 쳤나."라는 질문을 삼켰을지, 또 그러느라 얼마나 마음이 타들어 갔을지, 이제는 조금이나마 가늠이 된다.

지금도 세상의 풍파에 마음이 춥고 시릴 때면 핫팩을 주무르는 마냥 그때 엄마와의 통화를 떠올리곤 한다. 그러며 생각해보는 것이다. 나도 누군가의 탄생부터 스무 번의 해가 지나는 동안을 옆에서 함께 한다면, 인생이 걸렸다 믿는 일을 치른 그에게 결과를 묻기에 앞서 그 과정의 지난함을 보듬어줄 수 있을까. 그래서 그 누군가의 마음이 힘들거나 지칠 때면 그 생각만 떠올리고서도 힘낼 수 있게 돕는, 핫팩 같은 순간을 선물해줄 수 있을까. 그럴 수 있을지 없을지는 모르겠지만 그냥, 나도 점차 그럴 수 있는 사람으로 거듭나면 좋겠다.

앞만 보고 뛰어가다가 소리가 들려 돌아보니
어제의 내가 주저앉아 울고 있었다.
여기서 멈추면 뒤처질까 불안하기도 했지만
주저앉아 우는 나를 못 본 척할 수는 없었다.
뒤를 돌아 나 자신에게 손을 내밀기로, 했다.

조금씩 멀어지는 시간

고등학생 때부터 타지 생활을 했으니, 집을 떠난 지 어느덧 15년이 훌쩍 넘었다. 거리도 거리고 시간도 시간이라 일 년에 한 손으로 꼽을 정도로만 집에 가는데, 이제는 집이라기보다는 차라리 별장 같은 느낌이 더 정확하달까. 별장이라면 깔끔하고 넓은 방에 기가 막힌 식사, 빨래며 청소까지 엄마가 모두 처리해주시니 아무것도 신경 쓸 필요 없는 호화 별장이라 할 수 있겠다. 그러니 이러니저러니 해도 이제는 혼자 사는 자그마한 자취방이 심정적으로도 내 '집'인 셈이다. 물론 당연하다면 당연한 말이지만 나도 처음부터 이러진 않았다.

 다른 친구들처럼 살던 동네의 고등학교로 진학하지 않고 타지의 기숙학교로 간 건 온전히 내 의지 때문은 아니었다. 정확히 내가 중학교에서 고등학교로 올라갈 무렵 즈음에, 집이 크게 기울었다. 조금 억울한 점이라면 다른 집안의 '왕년'처럼 거창하고 화려한 과거도 없는데, 사정이 그렇게 되었다. 이제 고등학생이라 열심히 공부해야 할 텐데 이런 집안 분위기에서는 힘들지 않을까 하던 엄마가 내게 먼저 권했다. 집안이 정신 사나울 것 같으니 기숙사 고등학교로 '유학'을 가는 게 어떻겠냐고.

내게도 나쁘지 않은 제안이었다. 당시에 도저히 집에서 학교에 다니며 공부할 자신이 없었다. 더불어 집안 사정을 떠나 으레 고등학생쯤 되자 '집을 벗어나고 싶다'는 막연한 생각도 있었다. 그러니 부모님의 시선을 벗어나서 생활하고 싶기도 했다는 말이다. 성적도 지망하는 학교에 들어갈 안정권은 되어 고민할 거리도 없이, 내 삶의 방향 전부가 집에서 넉넉잡아 네다섯 시간은 떨어진 기숙형 고등학교로 향하게 됐다.

인생에서 처음으로 집을 떠나 생활하는 곳이라는데, 기숙사에 자그마한 기대도 없었다면 거짓말이었을 것이다.

하나 안타깝게도 현실은 대개 기대에 미치지 못하는 법이다. 기숙사는 8인 1실이었다. 2층 침대 4개에 캐비닛 8개가 들어가면 딱 맞는 크기였는데, 지금 생각하면 어떻게 그 손바닥만 한 방에서 여덟 명의 남학생이 생활할 수 있었는지 싶었을 만큼 작았다. 그나마 이 기숙사가 신축이고, 일전에는 군대 내무반처럼 마루에서 서른 명쯤 되는 남정네가 모여 생활했다고. 그러니 오히려 그래도 이쯤이길 다행이라 해야 할까. 물론 그때는 기대에 못 미쳐도 다들 그렇게 사니까 그런 줄로 알았다. 딱히 다른 방법도 없었고.

학교는 좋게 말하면 공부하기에 그렇게 완벽한 환경일 수가 없었다. 흔히 '로터리'라 불리는 곳이 동네의 중심지였는데, 학교에서 이까지 가려면 걸어서 삼십 분은 가야 했다. 더 놀랍기로는 이까지 나가지 않으면 학생들이 즐길 만한 유흥거리가 하나도 없다는 점이었다. 피시방도, 영화관도, 만화방도 모두 로터리로 나가야 하나둘 우리를 반겨줬다. 우리 학교는 소위 명문대라 불리는 곳에 학생들을 진학시키기로 나름 이름난 곳이었는데, 그 비결이 여기서 밝혀

졌다. 특출난 교육법도 새로운 시스템도 아니라, 인근 지역의 성적 괜찮은 아이들을 모아다가 오로지 시간을 갈아 넣어 일궈낸 전근대적 학습법의 총체인 셈이었다.

이만치 학생에게 친화적이지 않은 악조건 속에서도 또래 남자애들끼리 옹기종기 생활하는 건 꽤 재밌었다. 처음 사귄 친구들과 같이 얼추 삼십 분을 걸어가 넉넉지 않은 용돈을 아껴가며 군것질도 하고, 만화방이며 피시방에서 일탈하는 맛은 어른이 되어 느끼기 힘든 즐거움이었다. 특히 가끔, 아주 가끔 야간 자습 시간에 몰래 도망 나와 함께 게임을 하노라면, 야간 자습 시간에 도망 나왔다는 일탈감과 게임 할 때의 몰입감이 뒤섞이는 즐거움은 이루 말하기 힘들었다. 이때의 즐거움은 자세히 이야기하자면 밑도 끝도 없지만, 선을 넘지 않는 한도 내에서 여느 학생이나 누렸을 법한, 당연하고도 즐거운 시간을 보냈다는 이야기가 되겠다.

한 달, 그 좁은 촌 동네에 적응하고 새로운 친구들과도 조금은 익숙해져 이제 생활이 몸에 붙을 즈음인 한 달이 지나고서 동향 친구들과 함께 집으로 향했다. 나뿐 아니라 기숙사의 거의 모든 아이들이 타지 살이는 처음이었던지라, 집을 갔다 오고 싶은 심정은 모두 한마음이었을 터다. 집 가는 길은 대관한 버스로 먼저 세 시간 반 정도 이동하고, 동네에 내려 다시 택시나 시내버스로 삼십 분의 시간이 걸렸다. 그때까지도 주욱 유쾌했다. 새로운 장소와 생활, 또 새로운 친구들에 대해서 가족에게 말할 생각에 들떴다.

아파트 단지로 들어서 엘리베이터를 타고, 조금은 낯설게 느껴지는 우리 집 층의 버튼을 누르고서 집으로 올라갔다. 그러자 익숙하면서도 낯선 우리 집 현관문이 눈앞에 있었다. 나는 여느 때처럼 초인종을 누르는 대신 집 문을 두들기며 말했다.

"엄마!"

그러자 기다렸다는 듯 엄마가 잰걸음으로 나와 문을 활짝 열었다. 문이 활짝 열리고 엄마 얼굴이 보였다. 엄마의 눈을 마주했다. 그러자, 눈물이 흐르기 시작했다. 엉엉 소리 내며 울었다. 내 마음이고 내 행동이었는데도 영문을 알 수 없었는데, 아무튼 그냥 펑펑 울었다. 지금 와서 그 당시의 마음을 가늠해보자면, 생각보다 긴장되고 힘들었던 거겠지. 아무렇지 않은 척 괜찮은 척 지냈지만, 응석받이로 자라 제 마음대로 지내다가 다른 일곱 친구들과 부대끼며 지내게 됐으니 마음이 결코 편하지 않았겠지. 괜찮아야 했기에 괜찮은 척하고 있었던 것이겠지.

아주 가끔, 이를테면 지금처럼 글을 쓰는 등의 계기로 그날 내가 왜 그리 울었는지 다시 한번 곱씹어보기도 한다. 조금만 차분하게 생각을 가다듬고 이야기를 이어보자면 아마, 아마 이렇게 조금씩 집과 떨어지고 멀어지게 될 것을 직감했던 게 아닐까. 이 한 달이 두 달, 석 달로 멀어져 가족을 보는 시간보다 보지 않는 시간에 더 익숙해질 미래의 내가, 집을 집이 아니라 마치 별장처럼 여기게 될 내가 어렴풋이 상상되었기 때문이 아니었을까. 지금에 와서 곰곰이 생각해보노라면, 정말 그랬을지도 모르겠다 싶기도 하다.

산낙지 때문에 죽을 뻔했는데

현이 산낙지 못 먹지?
아닌데요, 먹을 수 있어요!

이제 괜찮아, 괜찮아.

아마 다른 방식으로 여러 번 이야기하긴 했지만, 초등학교에 입학하기 전까지의 나는 더도 덜도 말고 천둥벌거숭이라는 말이 딱 어울리는 아이였다. 그래, 당시의 나는 딱 하나의 조건만 충족되면 세상에 겁날 것도 무서운 것도 없었다. 그러니까, 옆에 엄마만 있으면 말이다. 변명을 조금 해보자면 그 나이대의 남자아이들이 대개 그렇긴 하다. 하지만 그중에서도 나는 호승심이나 승부욕도 정말 엄청났다. 아마 고약한 성질머리도 타고났겠지만, 만능 해결사인 엄마가 있는 한 무엇이든 어떤 수를 써서라도 이기고 얻어낼 수 있었던 점도 무척 컸지 않았을까 싶다.

지금 떠올려보자면 정말 부끄러운 일도 많았다. 이 중의 흑역사를 하나 고백하자면, '비행기 레고' 사건이 있다. 나의 초등학교 1학년, 여덟 살 생일 무렵에 가족여행으로 제주도를 갔다. 이때 기내에서는 아이들을 위해 아주 작은 레고 키트를 선물로 나눠줬는데, 내가 이게 마음에 들었나 보다. 그래서 이걸 하나 더 달라고 하니, 많은 아이들 중에서 나만 하나 더 줄 수도 없어 승무원이 무척이나 난감해했다. 여기서 그쳤으면 좋았으련만, 나는 이제 레고를 갖고 싶다가 아니라, 내가 갖고 싶은 걸 가져야겠다는 욕심에 온갖 생떼를 부렸더란다. 그런 나를 보다 못한 엄마가 승무원에게 사정사정하여 레고를 기어코 하나 더 받아내고 말았다는 이야기. 요즘 말로 하면 진상 노릇을 제대로 한 셈이다.

기내에서도 저처럼 진상을 부렸는데, 어디 다른 곳에서는 그러지 않았을까. 성내고 고집부리면 누가 상대이건 무엇이 갖고 싶건 문제가 되지 않았다. 보다 못한 엄마가 나서면 누구든 이기고 무엇이든 가질 수 있었다. 이길 수 없다면 이기는 시늉이라도, 가질 수 없다면 비슷한 것이라도 가지고야 말았다. 그러니 쌤통이라 할 만한, 이제부터의 이야기가 시작되는 것이다. 다시 말하되 어렸던 내 승부의 대상이 비단 사람만은 아니었다. 물론 사람이 아닌 것에는 엄마의 말도 통하지 않으니, 종종 사고가 생기기도 했다. 이를테면 산낙지, 산낙지가 그러했듯.

　내가 어릴 적만 해도 친가 식구끼리 그리 멀리 떨어진 곳에서 살지 않아 함께 식사하는 경우가 잦았다. 특히 한때 기사 식당을 한 할머니의 음식 솜씨가 무척이나 훌륭하기도 해서, 밖에서 사 먹든 할머니 댁에 모이든 어느 날이나 잔칫날 같은 느낌이었다. 그렇게 모이면 우리 아버지가 일곱 남매 중에서도 막내에 결혼도 늦게 하신 지라, 동생이 태어나기 전까지 식구 중에 막내였던 나는 그저 존재만으로 모두의 이쁨을 받았더란다.
　사건의 그 날에는 식구끼리 모여 회를 먹었다. 아마 경상도 말로 아나고 회, 그러니까 뼈 채로 손질한 붕장어 회를 먹었던 것으로 기억한다. 고소함이 일품인 아나고 회를 할머니가 무척 좋아하셨던지라 종종 먹으러 갔었는데, 그날도 그런 날 중의 하나였을 것이다. 이 횟집은 밑반찬이 매우 잘 나왔고 그중에 산낙지가 있었다. 참기름을 뒤집어쓴 채로 어딘지 요망하게 꿈틀거리는 산낙지가.

유치원을 다니던 일곱 살의 내가 아직 먹어보지 못한 음식이었다. 아니, 일곱 살 아이가 산낙지를 먹어봤다면 되레 이상한 일이 아니었을까. 그래, 아무튼 나는 어딘지 징그럽기도 하고 신기하기도 한 산낙지를 쳐다봤다. 그러던 중에 고모부였던가, 테이블의 내 맞은편에 앉아 있던 친척이 내게 이야기했다. "아직 산낙지는 못 묵제?" 이 말이 날 놀리는 느낌이었던지, 아니면 진짜 의문이었던지는 정확히 기억나지 않긴 한데… 아무튼 그럴 리가. '못 묵제?'라는 말은 적어도 내게는, 어렸던 내게는 분명 도발이었다. 안 먹어본 건 있어도 못 먹는 게 있을 리가. 그래서는 안 됐다.

"아니요, 저 산낙지 묵을 수 있는데요!"

아무튼 나는 그 작은 손으로 젓가락질하며 그놈의 산낙지를 집어서 오독오독 씹어 먹었는데, 낙지의 빨판이 혀며 입천장에 들러붙는 감각에 조금은 무서우면서도 씹는 감촉이 매력 있었고 참기름의 고소함까지 느껴졌다. 그러니까,

맛있었다는 말이다. 고소하고 쫀득하고 질감까지 훌륭한 산낙지, 그렇게 산낙지를 정복한 듯싶었다. 이 첫 성공이 다시금 자기를 집어먹게 하려는 산낙지의 계략임은 까맣게 모른 채. 맞은 편의 친척도 "오! 현이 산낙지도 묵을 줄 아네!"라며 감탄했다. 으쓱, 어깨에 힘이 들어간 나는 빠르게 두 번째 젓가락질하고서 산낙지를 삼켰다.

그러고 뭔가가 잘못됐다.

"허억, 허어업!"

갑자기 숨이 잘 안 쉬어졌다. 눈물과 콧물이 나기 시작했고, 내 몸을 가눌 수 없었다. 제대로 씹지 않고 삼키려던 산낙지의 빨판이 혀 뒤편, 그러니 목구멍의 입구에 붙어버렸다. 어쩔 줄을 몰라 하며 허우적댔다. 이럴 때면 역시 해결사가 등장해야만 하는 법이다.

이때 내가 허덕대는 소리를 들은 엄마가 얼마나 놀랐는지, 말 그대로 한걸음에 뛰어와 내가 허억대는 꼴을 봤다. 그러고서는 어째야 하나 일순의 망설임도 없이 내 입으로 손을 집어넣어다가 목구멍에 들러붙은 산낙지를 떼어냈다고. 정말 오랜 시간이 지난 지금까지도 내 머릿속에서 그때의 장면들이 드문드문 떠오르는 걸 보면, 모르긴 몰라도 정말 큰 일 날 뻔한 사건이긴 하지 않았나 싶다. 이때 엄마가 얼마나 놀랐냐 물으면 많고 많은 사건 중에서도 유독 "말도 말도 마라." 하며 고개를 내저으실 정도이니.

아직 유아의 티도 완전히 벗지 못한 내가 산낙지에게 승부를 겨루자 하기에는 한참 이른 때였다고 할까. 산낙지는 말로 구워삶을 수도 없고 타이를 수도 없는 상대니까. 흔히들 하는 말로 객기 부리다 혼쭐 한번 제대로 났던 사건이다.

아, 물론 지금은 없어서 못 먹는다. 산낙지.

혼자 밥 차려먹기

엄마…?

일미무침, 오징어채무침, 진미, 일미라고도 불리고 표준어로는 진미채무침이라는 이름의 반찬이 있다. 만드는 법은 간단하다. 마트에서 파는 오징어채를 사다가 고추장, 물엿, 참기름 등에 버무린다. 버무린 무침 위에 깨까지 뿌려주면 달콤 짭짤하면서 쫄깃하니 씹는 맛도 좋은 반찬이 완성. 어찌 보면 정말 대수롭지 않은 반찬일지도 모르겠다.

 그런데 이 소소한 반찬이 내 삶의 어느 부분에는 그 어떤 음식보다도 목메는 맛으로 다가오기도 한다. 아, 그리고 미리 밝히건대, 이 글에서는 진미채무침이라는 표준어보다 일미무침이라는 이름을 쓸까 한다. 인생에 새겨진 그 순간에도, 그리고 지금도 우리 가족은 이 음식을 일미무침이라 부르니까.

지금은 또 이야기가 다르지만, 내가 어릴 적에 엄마는 건강이 꽤 안 좋았다. 큰 병이 있다거나 눈에 띄는 문제가 있던 건 아니었지만, 타고 나길 약한 체력에 잔병치레를 많이 하는 체질이었다. 병약 체질에 몸이라도 잘 챙겼으면 그나마 나았을 것이다. 하지만 젊던 엄마는 하루의 아침저녁으로 청소기를 두 번은 돌리고, 세탁기가 못 미더워 수건은 끓는 물에다가 꼭 삶아서 써야 직성에 풀리는 결벽증이 있어 한시도 쉴 틈이 없었다. 게다가 손이 가기로 둘째가라면 서러울 나까지 온전히 감당해야 했으니 이만저만 고생이 아니었다고.

그러니 한 번쯤은 건강에 빨간불이 들어오는 게 당연했을지도 모르겠다. 해야 할 일이 많다거나, 어린 자식을 챙겨야 한다는 이유로 불행이 우리 집만 비켜 갈 리 없었다. 어떻게 보자면 일어날 일이 일어난 셈이다. 하루도 거르지 않고 청소에 끼니 준비에 분주하던 엄마가, 어느 날 쓰러졌다. 쓰러진 엄마는 곧장 수술실로 갔고 아버지는 엄마의 수발과 출근을 함께 해야 했으니 나를 돌볼 수 없었다. 나는 고모였던지 할머니였던지 친척댁에 며칠 머물렀다. 그 당시의 나는 엄마에게 무슨 일이 생겼는지 알 수 없었다. 시간이 꽤 지나고서야 엄마가 담석증이라는 병 때문에 쓰러졌단 걸 알았다.

  그래도 그나마 다행히 큰 병은 아니었다. 엄마는 수술하고서 며칠 지나지 않아 집으로 돌아왔다. 그렇다고 사람 몸이 고장 난 부분만 수리하면 곧장 작동하는 기계와 같을 수는 없었다. 수술의 후유증으로 집에서도 확실한 휴식과 안정이 필요했다. 그럼에도 엄마는 집에 돌아온 당일부터, 아니 의식이 돌아온 순간부터 온통 자식 걱정뿐이었다고. 며칠을 입원하고서 집으로 돌아와 침대에 누워 꼼짝도 하지 못하면서 자식새끼가 돌아오기 전에 저녁 식사를 준비해야 할 텐데 어찌해야 하나 걱정으로 가득했다고, 그랬다고 한다.

  내가 어디서 돌아온 길이었는지는 정확히 기억나지 않는다. 아마 이후의 이야기를 들어보자면 엄마가 이제 집에 돌아왔다는 이야기를 듣고서 친척 집에서 우리 집으로 돌아왔던 것 같다. 아무튼 어린 나는 홀로 집 문을 열고서 들어와 거실에 불을 켰다. 엄마는 침대에 누워 문의 틈새로 들어오는 빛을 보며 내가 돌아온 걸 확인했다고 한다. 평소대로라면 나는 아마, 아니 분명 이랬어야 했다고 한다.

"엄마~! 배고파요, 밥 줘!"

이 말은 당시에 내가 집에 왔다는 인사말 같은 것이었다. 하지만 그날은 달랐다고 한다. 눈치가 아예 없지는 않아 다행이랄까, 어린 나는 살금살금 안방 문을 밀고서 고개를 빼꼼 내밀더니, 엄마가 있는지 확인만 하고서는 다시 슬그머니 돌아갔다. 혼자 있는 게 무서워서인지 엄마가 누워 있는 안방 문을 꼭 닫지는 않고서. 모르긴 몰라도 엄마가 평소와는 분명히 다르다고 직감했던 것 같다. 그러니 자신도 평소와는 같으면 안 된다고 생각한 게 아니었을까.

어린 나는 식탁에서 의자를 빼다가 낑낑대며 부엌 위쪽 수납장 쪽으로 옮겨 의자 위에 올라갔다. 그 수납장을 열고 밥그릇을 꺼내고서 다시 의자를 밥솥 앞쪽으로 옮겨서 아침에 아버지가 해놓은 밥을 펐다. 그러고서 다시 의자를 식탁으로 옮겼다. 마지막으로 냉장고에 안에 고이 놓여 있던 일미무침 통을 꺼내고 식탁에 놓인 마른 김 통을 열어, 혼자 밥을 먹기 시작했다. 이 모든 모습을 엄마가 문틈으로 한순간도 놓치지 않고 지켜보고 있었다.

  이 장면은 엄마 삶의 기적 중 한순간이라 한다. 기적이라는 말의 뒤에는 예기치 못한 불행이나 지극한 간절함이 숨어 있다. 기적이라 부를 법한 상황에 불행이나 간절함이 없다면, 대개 행운이나 요행이라는 말이 그 자리를 대신할 따름이다. 그러니까, 사실 엄마에게 일어난 기적이란 철부지 자식이 보인 의외의 대견함이 아니라, 몸도 가누기 힘든 저의 몸 상태보다 자식의 저녁 끼니를 생각하는, 어찌 보면 미련하다 싶을 만큼의 걱정과 간절함으로 바꿔 읽는 편이 더 정확할지도 모르겠다.

  이때 혼자 밥 먹는 나를 보고서 엄마는 이제 '우리 현이 이제 철 다 들었다'라며 생각했다 한다. 물론 이 착각 아닌 착각처럼 내가 다음날에도 철이 들어 있었다면, 그러니 이런 '철든 현이'가 계속됐다면 지금도 이 순간을 기적이라 부를 리는 없겠다. 엄마는 다음 날부터 조금 나아진 몸을 이끌고서 다시 식사 준비며 집안일을 차츰 시작했고, 나는 유치원에 갔다가 집 문을 열며 "엄마, 밥 줘!"라 외치는 일상으로 복귀했다. 그러자면 엄마도 유치원에서 돌아온 자식이 배고플까 떡하니 차린 음식을 식탁에 늘어놓고 내가 돌아오기를 기다리고 있었다고, 그런 평범한 일상으로 돌아갔다고 한다.

  그럼에도 불구하고 이야기를 귀 따갑게 들은 나조차 언제든 일미무침을 보면 괜히 목이 멘다. 이런 걸 보면 몸과 마음을 모두 축내는 육아의 레이스 중에, 예고 없이 찾아오는 기적의 순간들이 있기에 또 쉽지 않은 하루하루를 이어갈 수 있는 게 아닌가 싶기도 하다.

우리가 삶에서 기적이라 부르는 순간들이란…
그 아래 얼만큼의 시간과 노력과 간절함을
쌓고서야 우리 눈앞에서 빛나고 있는 것일지,
이 어린 마음으로는 언뜻 가늠도 되지 않는다.

엄마와 영상을 남겨보세요

웃어야지, 김치~

엄마, 여기 와봐.
같이 사진 찍어요.

낚시를 좋아하는 아버지를 따라 가끔 낚시를 하려고 배에 타곤 한다. 너무도 당연하게 디디고 있던 지반에서 발을 떼고 출렁이는 바다 위의 배에 발을 디딜 때면, 흔들릴 거라는 의심도 들지 않는 지반이 어쩌면 당연히 누려 마땅한 게 아닐지도 모른다는 생각도 든다. 이런 잡생각도 잠시, 배가 모터의 굉음과 함께 물살을 가르며 앞으로 나아갈 때면 이루 말할 수 없는 상쾌함으로 기분이 한껏 고조된다. 그 배가 작은 2인용 보트든, 대여섯 명은 거뜬히 타는 어선이든 상관없다. 그저 물살을 가르는 배 위에 있다는 것만으로 충분한 것이다.

신나는 기분으로 뭍과 멀어져 앞으로 나아가다 보면 이내 육지는 시야에서 멀어지고 또 작아지다가, 곧 시야에서 완전히 사라지게 된다. 그러고도 조금 더 가다 보면 앞뒤 좌우를 가리지 않고 주위가 온통 수평선으로 가득 차 내가 어디 있는 건지 가늠하기 어려운 순간이 온다. 대항해시대 때 인도를 찾아 아메리카 대륙으로 떠난 무수한 배들은 자칫 항로를 이탈하면 뒤를 장담할 수 없는 상태가 되었다고 한다. 뱃길을 잃고서 바다에서 둥둥 떠다니다가 결국 조난을 기다리는 신세를 거쳐 결국 난파선이 되었다고. 그리고 끝없는 수평선을 보노라면 그 말이 결코 과장이 아니란 걸 체감하기도 한다.

인생을 주로 항해에 비유하는데, 배를 타고 바다에 나가 보면 이 틀에 박혔다 싶을 만큼 고전적인 비유가 지금까지도 널리 쓰이는 이유를 알 법하다. 우리의 삶도 어느 지점까지는 부모님이라는 단단한 지반을 딛고서 생활하다가, 점차 커가며 혼자만의 항해를 준비해 바다로 나온다. 그러며 혼신의 힘을 다해 거친 파도와 위험한 암초를 뚫고서 앞으로, 앞으로 나아가다 보면 때론 내가 어디에 있는지, 또 무얼 하고 있는지 종종 잊을 때가 있기도 하다.

그래도 지금은 대항해시대 때와는 달리, 이럴 때를 위한 부표가 있다. 내가 가려던 곳으로 잘 가고 있는지를 확인해주거나 길을 잃을 때, 또 위험한 암초가 있을 때를 대비하기 위한 이정표가 되어주는 셈이다. 그러니 우리 인생이라는 항해에도 부표가 있을 텐데, 내가 지금 쓰고 있는 이 글이나 사진, 그리고 그림도 일종의 부표로 볼 수 있지 않을까. 막연히 어디로 흘러가는지 모를 삶의 바다에서 내가 지금 생각하고 행동하는 것들을 기록해주는, 그래서 시간이 지나고서 살펴보며 이때 이랬지 되새김질할 수 있는.

글이야 그래도 어릴 적부터 적지 않게 써 오고 있어 익숙한 편이지만, 숫기가 없고 나서기 민망해하는 성격이라 사진은 항상 부담스러웠다. 그래도 사진 역시 내 삶이라는 바다의 부표라 생각하게 된 후로는 굳이 나를 향하는 카메라 앞에서 고개 돌리는 일은 없어졌다. 더불어 작은 습관을 하나 만들기 위해 계속 노력하고 있다. 소중한 이들의 얼굴을 볼 때마다 사진을 남기는 습관이.

이 습관도 나쁘지 않다고 생각하던 차에, 인터넷에서 우연히 글을 하나 보게 되었다. 돌아가신 어머니에 대한 글이었다. 그런데 어머니 사진을 보면 얼굴이야 잊을 리 있겠냐만, 목소리가 점차 잊혀서 이젠 도무지 어머니의 목소리가 기억나지 않는다는 이야기였다. 너무도 익숙하고 당연한 엄마의 목소리인지라 경험해보기 전에는 어떤 느낌일지 감히 상상할 수 없을, 아연한 이야기였다. 그러니 몰라서 채 남기지 못한 부표라 할까.

이 글을 본 이후로는 사진에 더해 영상을 꼭 남겨야겠다 싶었다. 그런데 나만 해도 일전에는 사진 찍기도 부담스러워한 입장이었는데, 처음 영상을 찍자고 했을 때 엄마의 민망함이야 말할 것도 없었다. 그래도 나와 동생이 발을 동동거리며 성화를 부리는데 엄마가 어디 버틸 재간이 있나, 이제 집에 내려갈 때면 적어도 하나의 영상은 꼬박 찍고 온다. "엄마, 우리 같이 영상 찍어요!" 하면서 무작정 카메라를 들이민다. 처음 찍을 때는 그렇게 뻣뻣하고 어색하던 엄마와 내가 차곡차곡 영상을 찍을수록 카메라에 익숙해지고 있단 건 눈으로도 확인할 수 있어 꽤 만족스럽기도 하다. 무엇이든 경험이 중요하다는 말을 실감하는 중이라 할까.

내가 남기는 부표와는 별개로, 나와 내 동생에게는 엄마가 어릴 적부터 남긴 부표가 있다. 지금처럼 간편한 휴대폰 카메라나 디지털 카메라는 없었지만, 필름 카메라로 태어난 순간부터 아주 차곡차곡 남긴 부표들이. 다만 이 앨범은 대략 내가 초등학교 고학년이던 무렵을 기점으로 뚝 멎어 있다. 집안의 사정도 사진을 찍고 남기기에는 너무 정신없을 때였고, 나도 가족과 사진을 남기기엔 어딘지 어색함을 느낄 나이였으니까.

집에 내려갈 때면 가끔 이 앨범을 보곤 한다. 내가 내 어릴 적을 보면서도 온갖 상념에 젖는데, 앨범을 보며 엄마는 무슨 생각을 할지 항상 물음표였다. 그리고 더 궁금했지만, 아직도 묻지 못한 질문 하나. 이 이후로 사진을 더 남기지 못한 엄마의 마음은 어떨지. 항상 궁금했고 지금도 궁금하지만, 내 입으로 굳이 그 마음을 물어볼 일은 없을 것 같다. 대신, 이런 질문을 직접 하는 대신에 앨범에서 약간의 공백을 두고서라도 새로운 사진과 영상을 채워 넣어야겠다고 다짐한다.

엄마와 내가 함께 하는 시간의 바다가 끝없이 계속 이어질 수는 없겠지만 더 많이, 더 착실히 부표를 남기는 것 정도는 내가 할 수 있는 일이니까. 그래서 오랜 시간이 지나고서 보자면, 지난 행복의 기억을 곱씹을 추억 한 조각이 되어줄 테니까.

지난 과거나 너무 먼 미래를 이야기하느라
오늘의 소중함들을 놓치고 있는 건 아닐까.
소중한 순간은 고이 접어다 서랍에 둬야지.

"거짓말하면 혼난다"

현아~ 잠깐만 놀다 가자.

현아, 유치원 갔다가 바로 왔어?
응.
...

앞서의 이야기들에서도 몇 번 다른 방식으로 이야기한 것 같지만, 나와 동생을 길러낸 우리 엄마의 양육법은 지금의 관점으로 봐도 너그럽기 그지없는 편이었다. 하지만 이런 엄마도 결코 용납하지 않던 잘못이 하나 있었는데, 바로 거짓말이었다. 그도 그럴 것이 거짓말은 한번 시작하면 꼬리에 꼬리를 물고 이어질 수 있거니와, 무엇보다 신뢰를 잃게 된다는 점에서 여느 잘못보다 심각할 수 있는 문제인 것 같기도 하다. 우리 부모님은 어릴 적부터 거짓말만큼은 그 싹을 잘라야 한다고 보는 입장이었다. 그래서 다른 잘못들에는 어쩌면 과할 정도로 너그럽기도 했지만, 거짓말만큼은 유독 엄하게 혼냈다.

이 영향 때문일까, 나 역시 거짓말이라면 질색인 사람으로 자랐다. 세상의 어느 누가 거짓말을 좋아하겠냐만, 조금은 더 유별나게.

내가 대여섯 살 무렵에 다니던 유치원에서는 셔틀버스를 운행했다. 우리 아파트 단지는 총 세 동에 석 삼三 형태로 자리했는데, 아침이면 내가 사는 동 앞에서 아이들을 태워 유치원으로 향하고, 또 마치는 시간에 집으로 데려다줬다. 누가 봐도 큰 사고가 있기 어려울 법한 코스였지만, 그래도 엄마는 매일 아침이면 나에게 유치원 마치고 곧바로 집으로 오라고 신신당부했다.

사건의 그 날도 우리 단지 바로 앞에서 셔틀버스가 정차했는데, 친하게 지내던 동네 친구가 길을 지나다가 때마침 셔틀버스를 보고서 날 불렀다. 그러고는 자기가 콩알탄이 있는데 놀이터에서 같이 터트리며 놀자고 했다.

콩알탄은 화약 가루를 자그마한 종이에 싸 바닥에 던지면 '펑' 하는 소리와 연기를 내는 장난감이었는데, 당시 남자아이들 사이에선 꽤 인기 있는 물건이었다. 한 갑에 겨우 백 원인데, 대여섯 개의 콩알탄 뭉치가 들어 있어 친구들끼리 같이 놀기도 그만이었다. 그러니 그 콩알탄 던지는 데 뭐 그리 시간이 오래 걸린다고, 엄마가 곧장 집으로 오라던 이야기가 머릿속을 잠시 스치긴 했지만 '잠깐인데 뭐 어때' 하며 금방 놀이터에 들렀다가 집에 가기로 마음먹었다.

놀이터는 셔틀버스 하차 위치를 기준으로 우리 동 반대편 쪽에 있었다. 그 친구와 같이 놀이터에서 콩알탄을 펑펑, 정확히 백 원어치였던 것 같은데… 그 백 원치의 콩알탄을 다 던지자 친구가 더 놀다 가자고 했지만, 나는 이제 집에 갔다가 와야 한다며 친구에게 조금만 기다리라고 말했다. 지금 생각해보자면 이렇게라도 해서 참 다행이었다. 아무튼 이 과정이 다해서 5분에서 10분쯤 걸렸으려나, 그 시간의 간격을 두고서 나는 집으로 향했다.

집에 오니 엄마는 청소기를 돌리는 중이었다. "다녀왔습니다."라는 인사가 청소기 소리에 묻혀서인지 별말씀이 없었지만, 청소 중이라 그런가보다 싶었다. 가방을 놓고 물을 마시러 주방으로 가니 식탁에는 새하얀 절편과 진한 녹색의 쑥절편이 가지런히 놓여 있었다. 안 그래도 출출하던 차에 잘됐다 싶어 절편을 집어 먹으려 할 때, 엄마가 어딘지 가라앉은 목소리로 내게 물었다.

"유치원 마치고 바로 집에 왔나?"

이 말에 어린 나는 별생각 없이 절편을 집으며 말했다.

"어."

탁, 청소기 소리가 멎었다.

"니, 방에 들어가라."
"내 절편 먹을…"

나는 이 말을 유언처럼 남기고 엄마 손에 팔목이 채여 방으로 끌려갔다. 그날 나는 엄마에게 정말 죽도록 두들겨 맞았다. 지금도 이렇게 선명하고 자세하게 글을 적을 수 있을 정도로 크게, 말 그대로 혼이 나갈 정도로 맞았다.

그러니까, 사건의 전말은 이랬다. 엄마는 여느 때처럼 내가 집에 올 시간쯤 되자 집에서 창문으로 셔틀버스를 보고 있었다. 집 바로 아래에 셔틀버스가 정차하니 번거롭게 내려오지 않고도 셔틀버스와 내 동향을 살필 수 있는 구조였으니까. 이날도 여느 때와 다르지 않게 내가 도착할 시간쯤 하여 밖을 보고 있는데, 버스에서 내리면 집으로 곧장 와야 할 내가 친구와 함께 아파트 반대편으로 향하자 어딜 가나 싶었단다. 그래도 어디 갔다 왔는지 물어보고 엄마가 걱정하니까 앞으로는 집에 들렀다가 가라고, 좋게 말하려 했단다. 하지만 사실을 묻는 질문에 내가 곧장 집으로 왔다고 거짓말까지 하자, 화가 머리끝까지 치밀어 그렇게 크게 혼을 낸 것이다.

내 입장에서 보자면 거짓말을 하려고 한 게 아니라, 대수롭지 않은 일이라 여겨 정말 아무 생각 없이 집으로 왔다고 대답한 것이긴 했다. 그래서 어떻게 보면 조금 억울한 일이기도 하지만 어쨌건 결과적으로 거짓말을 하게 된 건 맞으니 이제 와서도 별달리 변명할 말은 없다. 그냥 콩알탄 몇 알 던지고 놀다가 혼난 김에 거짓말의 싹까지 잘랐으니, 인생 공부의 값을 싸게 치렀다고 보는 편이 마음 편하겠다.

이 일의 여파인지 나이를 한 살씩 먹을수록 성격의 모난 부분들이 조금씩 깎이고 다듬어지는 걸 느끼지만, 지금도 유독 거짓말만큼은 쉬이 넘어가지 못한다. 나도 이렇게 거짓말에 유독 민감하게 반응하는 모습을 보자면 아마 어릴 적 콩알탄의 영향도 분명 사소하나마 지분이 있지는 않을까, 종종 생각한다.

엄마는 뮤지컬을 본 적이 없다

지방에서 누릴 수 있는 문화생활은 한정되어 있다. 학생이라면 더더욱. 내가 유년기까지 누린 문화생활은 영화, 볼링, 탁구, 노래방 정도였다. 지금도 여전히 즐겁게 누리는 것들이지만 이것들이 전부라면 역시 아쉬웠던 마음이 없다 하기는 어렵겠다. 그래도 어쩔 수 없었다. 요즘은 또 조금 다르다곤 하지만 불과 10년 전만 해도 우리나라의 문화생활은 서울에 모두 몰려 있었다고 해도 크게 틀린 말은 아니었으니까.

내게 새로운 경험의 창은 대학을 진학하며 열렸다. 대학생이 된 나는 홀로, 때로는 친구들과, 때로는 연인과 함께 자연스레 연극을 보고, 뮤지컬을 보고, 오페라를 보고, 발레를 보고… 이것들을 처음으로 접할 기회가 생겼다. 차츰 새로운 세상에 눈을 떴다. 배우와 가수들이 내뿜는 엄청난 생동감과 넘치는 에너지는 정말이지 짜릿했다. 일전까지 알지 못한 커다란 감동을 느낄 수 있었다.

처음 이것들을 접하며 느낀 감동 이후에는 어딘지 억울하다는 생각도 들었다. 어릴 적부터 이런 것들을 보고 누릴 수 있으면 마음이 보다 풍요로울 수 있지 않았을까 하는 아쉬움이 들어서. 실제로 예술의 전당에서 공연을 볼 때면, 저 어머니의 손을 잡고서 함께 공연장으로 들어오는 대여섯 살 아이를 찾기가 그리 어렵지 않다. 아마 엄마 손을 잡고 공연장을 찾은 아이에게 이날은 여느 날과 다름없는 나들이에 평범한 외출을 한 하루가 아닐까. 아마 지루하다며 의자에서 한숨 푹 자게 될지도 모르는, 그런. 하나 차곡차곡 쌓인 이런 경험 하나하나가 시간이 여물며 정서의 지평선을 넓히고 신경과 감각을 확장해줄 것이다. 그래서 나도 어릴 적부터 서울에 살았더라면 아마 엄마 손을 잡고서 함께 공연장에 오는, 이런 경험을 더 많이 할 수 있지 않았을까 하는 생각이 들곤 했다.

나만 누리지 못한 건 아니라, 또 가족이 생각났다. 먼저 동생. 나보다 여섯 살 어린 내 동생은 나보다 조금이라도 빨리 이런 것들을 접할 수 있으면 좋겠다는 생각. 실제로 이 생각을 하고서 방학에 집에 내려가 고등학생이던 동생을 데리고 함께 뮤지컬을 보러 가기도 했다. 동생에게는 어떻게 다가갔을지 모르지만, 내가 해줄 수 있는 건 이 정도였다. 이런 세상이 있다는 알려주는 것 정도. 그리고 엄마 생각이 났다. 태어나서부터 부산권을 벗어나 산 적이 한 번도 없는 엄마는 살면서 이런 것들을 얼마나 봤을까. 아니 이런 것들이 있다는 걸 알고는 있을까. 우리 엄마 이런 거 한 번도 못 봤을 텐데 하는, 그런 생각이.

각 세대에는 그 세대만의 문화가 있다. 이를테면 나 어릴 적 초등학교에서는 구슬치기나 지우개 따먹기에 학종이 넘기기, 팽이치기도 했다. 쉬는 시간이 그렇게 부족할 수 없었다. 그러다 점차 미니카도 굴려보고, 포켓몬 빵을 사다가 빵은 안 먹고 스티커만 모으기도 하며, 차츰 보급되는 PC에 적응하기 시작했다. PC에 적응되겠다 싶은 어느샌가 정신을 차려보면 피시방에서 삼삼오오 모여 이 게임 저 게임을 하고 있었다. 이 소소한 풍경들은 우리 세대의 남자아이라면 누구나 간직하고 있을 법한 추억들이다.

그래서 사실, 엄마 세대의 추억이 연극이나 뮤지컬이나 오페라가 아니었다고 굳이 아쉬울 필요는 없다는 건 잘 알고 있다. 뮤지컬이나 오페라, 발레를 비롯한 공연 문화는 지금도 여전히 관심 있는 이들만의 전유물에 가깝다. 그러니 서울에서 살았더라도 그것들을 즐기지 않았을 가능성이 훨씬 컸으리란 생각도 한다. 또 그것들을 즐기지 않았더라도, 우리 엄마와 엄마의 친구들에게는 그분들끼리 또 공유할 수 있는 그 세대만의 즐거움이 있었다는 것도 충분히 알고 있다. 다만 어딘지 걸리는 지점은 이런 부분들이다. 즐기고 말고를 떠나 선택의 범주에 이것들이 없었다는, 그 맥락 자체가.

공연장에 갈 때면 가끔 상상해보기도 한다. 어린 시절의 엄마가 할머니의 손을 꼭 잡고 예술의 전당에 종종걸음으로 향하는 꼬맹이 시절의 엄마를. 또 한껏 멋을 낸 복장에

또각거리는 힐을 신고 연극을, 뮤지컬을, 오페라를 보러 가는 젊은 시절의 엄마를. 또 시간이 흘러 한 손에는 아들의 손과 반대 손에는 딸의 손을 잡고 함께 발걸음을 옮기는 지금 즈음의 엄마를. 그러며 우리 엄마도 분명 좋아할 텐데, 하고 막연히 상상해보는 것이다.

말은 이렇게 하지만 이제는 부산에도 괜찮은 공연이 많은데 여태 같이 보러 가지 않는 걸 보면 생각만큼 아쉽지는 않은가보다. 더 정확히 말하자면 이제는 정말 선택의 문제가 되었다고 말할 수도 있겠다. 이제는 가고 싶다면 언제든 갈 수 있는 때가 되었으니까. 그러니 이제 새로움보다는 익숙함을 선택하는 엄마에게 맞추려는 편이다. 그래서 다른 낯선 외출보다, 엄마와 나에게 또 다른 추억이 스민 영화관을 가곤 한다. 어떤 영화인지는 크게 상관없다. 그저 영화관에서 같이 팝콘을 집어 먹으며 함께 무언가를 본다는 것 자체로, 이미 완성된 행복에 가까우니까.

그래도 머지않은 어느 날 한 번쯤은 조금 다르게 보내고 싶은 마음이 있다. 그날은 내가 운전해서 모셔다가 먼저 백화점으로 가야지. 백화점에서 근사한 옷 한 벌을 뽑아 입히고 멋들어진 공연장에서 재밌는 공연을 봐야지. 그러고는 공원에서 산책하고 카페에서 수다 떨다가, 해가 떨어질 즈음에 전망 근사한 레스토랑에 가야지. 미디움 레어로 잘 익히고 적절히 레스팅 한 등심 스테이크에 칼질해야지. 누군가가 보기에는 식상할 만치 뻔한 코스일지도 모르겠다. 그래도 그냥, 한 번쯤은 그렇게도 시간을 보내야겠다.

내가 천재인 줄 알았는데

레고 내가 제일 잘 만들지?!

최선을 다했으면 괜찮아.

규칙적으로 생긴 블록을 한 타일 한 타일 맞춰 조립해 무엇이든 만들 수 있는 레고. 레고의 인기는 나이를 초월한다. 처음 우리나라에 들어올 때부터 아이들의 동심을 강타하며 크게 유행했고, 레고에 흠뻑 빠졌던 그 아이들 중 일부는 어른이 되고도 여전히 레고의 충성 고객으로 남아 키덜트 레고를 즐기는 중이다. 시기적으로 보자면 내 또래의 남자아이들이 레고에 처음 동심을 사로잡힌 세대라고도 할 수 있겠다. 물론 나 역시 어릴 적에 레고의 열렬한 팬 중 하나였다. 지금은 아니지만.

내가 어릴 적만 해도 집안 형편이 아직 대단히 기울기 전이었고, 첫 아이가 바라는 건 가능한 들어주려던 부모님 덕에 갖고 싶은 장난감은 대부분 가질 수 있었다. 당시에 유행하던 미니카, 로봇 완구, 심지어 모터로 굴러가는 미니 오토바이까지 전부. 그리고 그 장난감 중에, 레고가 유난히 소중했다.

갖은 장난감 중에서 하필 레고가 유난히 소중한 이유는 따로 있었다. 좀 유치하지만 아무나 가질 수 없는 장난감이었으니까. 조금 더 편하게 말해보자면, 내 레고는 동네 친구들 중에서 나만 가지고 있는 것이었다. 으레 친구 집에서 볼 수 있는 흔한 모델이 아니었다. 나에게는 평범한 레고는 물론이거니와, 20여 년도 전에 시가로 20만 원에 육박하는 레고들이 있었다. 전동 모터를 달아 레일을 자율주행하는 기차 모델도 있었고, 조립하기 쉽지 않던 레고 테크닉 계열의 우주왕복선 모델도 있었다. 글을 쓰는 김에 조금 찾아보니 지금까지도 명작으로 불리는 모델이라 한다.

지금의 관점으로 보자면 크게 유별난 일이 아닐지도 모른다. 이제 키덜트로 레고를 즐기는 성인들은 레고에 수십만 원, 아니 그 이상의 비용도 어렵지 않게 쓴다고 한다. 하지만 막 레고가 들어올 즈음인 90년대 당시에 1, 2학년의 초등학생이 가지고 있기에는 분명 크고 비싸고 귀한 장난감인 건 분명했다. 이런 장난감을 어린 내가 소중히 여기지 않을 리 없었다. 게다가 그렇게 볼륨도 크고 완성하기도 쉽지 않은 레고들을 그 자그마한 손으로 조몰락거리며 곧잘 조립해내니, 엄마는 나를 레고 천재로 알았더란다.

그러다가 부산 서면의 백화점에서 레고 대회라는 게 열렸다. 엄마는 1등은 떼놓은 당상이라 생각하며 대회장을 향해 의기양양하게 내 손을 잡고 갔다고. 레고 대회의 주제는 지금도 기억난다. 다가오는 밀레니엄 이후에 열릴, 대우주 시대의 모습을 레고로 나타내기. 대회장에는 좌식 테이블이 놓여 있었는데, 이 테이블의 양옆에 세팅된 주머니에는 갖은 레고 블록들이 마구 담겨 있었다. 두 시간 내에 양측에 놓인 블록들을 이용해 자유롭게 주제에 맞는 작품을 완성해내면 되었다.

이게 웬걸. 막상 대회장의 블록 앞에 앉으니 저 잘난 줄 알았던 나는 몸이 굳고 사고가 마비되어 어쩔 줄을 몰라라 하더라고. 처음에 옆자리에 앉아 잠시 인사한 아이는 대회가 시작하자마자 뭔가 생각을 굳힌 듯 빠르게 손을 놀리더니 웬 비행선을 만들고 있었다. 이런 와중에 나는 기계적으로 블록을 쌓는 데 급급했다고. 이후에 옆자리 아이는 작품을 설명하길 우주여행 시대에 타고 다닐 우주여행선이라고 소개를 했는데 그 아이가 2등을 했던 걸로 기억난다. 그리고 멍하니 타일을 조립하던 나는 당연히 입상도 못 했고.

멍한 나도 나였지만 첫 아이가 레고 천재인 줄 알았던 엄마의 충격은 생각보다 더 엄청났다. 엄마는 아직도 종종 이때를 회상하며 세상이 얼마나 넓은지를, 또 자랑하던 자식이 생각보다 대단치 않을지도 모른다는 것을 깨달았다고 한다. 이 사건 덕이라면 덕일까, 그래서 이후로 레고를 향한 관심이나 애정도 뚝 떨어져 다행히 20만 원에 육박하는 장난감을 사는 일은 없어졌더라 하는, 평화롭다면 평화로운 결론이 되겠다.

사족이자 자기 변호인 겸 말을 조금 덧붙여볼 수는 있겠다. 어른이 된 지금의 관점에서 보자면 그 대회는 레고 대회라기보다 스토리 텔링 대회에 가깝지 않았나 싶다. 레고로 어떤 결과물을 만드는지보다는 레고로 어떤 것을 표현하고자 했는가에 주안점을 둔, 그런 대회. 그렇다고 내가 레고로 뭔가 멋들어지는 결과물을 조립해 낸 것도 아니긴 하지만. 결론적으로 레고라 하면 조립서에 따라 알맞은 결과물을 빠르게 완성해내는 일종의 퍼즐 게임으로 여겼던 내가 좋은 결과를 낼 수 있을 리는 만무했다는 변명쯤 되겠다.

아무쪼록 다시 본론으로 돌아가서, 어릴 적에는 자기 세상에 자신만으로 가득하다. 그런 자신이 마구 뻗어나가다가, 어느 순간엔가 자기가 더 뻗어나갈 수 없는 천장을 만나곤 한다. 자기 재능의 한계 때문이든 주변 여건의 문제이든. 여섯 남매의 막내로 태어난 우리 엄마는 여러 이유로 자신의 천장을 지나치게 빨리 마주한 사람이었다. 그것도 아주 어린 시절부터.

그래서 소중하기 그지없는 자식만큼은 그러한 천장을 마주하지 않기를, 적어도 최대한 늦게 마주하게 되기를 바랐을 터다. 그런데 의기양양하게 문을 박차고 들어간 대회장에서 그런 천장을 마주하게 될 줄은 몰랐겠지. 이때 엄마의 마음은 그저 대회에 입상하지 못했단 이유로는 설명되지 않을 만큼 속이 상하지 않았을까 싶다. 아직까지도 두고두고 곱씹을 만큼이나. 물론 나 스스로가 이때의 사건을 일종의 천장이라 여긴 적은 없지만, 이야기를 들을 때면 내가 아니라 속상했을 엄마 때문에라도 안타까움이 스치는 건 어쩔 수 없겠다.

우리가 자주 먹던 떡볶이집

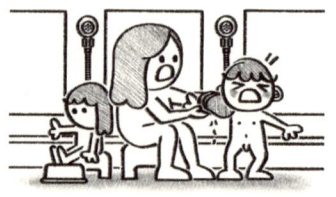

때 안 밀면
바나나우유 못 먹는다?

떡볶이 주세요! 떡볶이!

인터넷에서 부산 해운대 쪽에 있다는 유명한 떡볶이집 사진을 봤다. 사진을 보자 머릿속의 한구석에 먼지가 쌓인 채로 박혀 있던 추억 하나가 기지개를 켜기 시작했다. 아파트 단지의 상가 아래에 떡하니 자리하고 있던 녹색 포장마차의 떡볶이, 그 떡볶이의 추억이. 걸쭉하고 깊은 맛의 고추장 소스에 단정하니 쭉 뻗은 가래떡, 섭섭지 않은 크기의 사각 어묵, 화룡점정은 그 소스에 버무려 먹는 계란 범벅, 향을 더하는 큼직한 파는 감초 역할을 제대로 하던, 그 떡볶이.

"엄마, 그 떡볶이집 기억하제?"
"어디? 그 목욕탕 앞에?"

"어, 내 요즘도 그 집 떡볶이 먹고 싶을 때 있다."
"거기 깨끗하게 잘했지. 요새 그렇게 음식 하는 집 잘 없다."

초등학교 입학 전에 이사를 했다. 일전에 살던 아파트 단지보다 훨씬 규모가 큰 신축 아파트 단지였는데, 5층이나 되는 단지 상가 1층에 목욕탕이 있었다. 엄마는 지금도 매달 정기권을 끊어 목욕을 다니시는데, 그때도 크게 다르지 않았다. 아파트 단지 안에 있어 위치도 좋고, 이제 신축되어 시설도 좋아 자연스레 그 목욕탕에 정기권을 끊어 다니게 되셨다.

지금도 목욕 마니아인 엄마는 적어도 일주일에 한 번은 나도 목욕탕에 데리고 가서 피부가 시뻘게질 만치 아플 정도로 때를 빡빡 밀었다. 그래도 내가 별 군소리 없이 따라갈 수밖에 없던 이유는 첫째가 아직 너무 어려 엄마에게 저항할 수 없던 때였고, 둘째는 목욕탕에서 마시는 항아리 바나나우유의 매혹 때문이었으며, 마지막으로 목욕탕 앞에 그 떡볶이집이 있었기 때문이었다.

엄마에게 억지로 목욕탕에 끌려가 온탕에 담겨 몸이 퍼

진 라면처럼 붇게 될 쯤이면 엄마가 나를 부른다. 내가 옆에 앉으면 엄마는 골골백세 체질에 어디서 그런 힘이 나오는지, 내 온몸이 시뻘게져라 때를 밀었다. 이때만큼은 귀한 자식의 찡찡거림도 아무 소용없다. 아니, 귀한 자식 광내는 일이니 어느 때보다 최선을 다한다는 편이 맞겠다. 그렇게 고통의 세신 시간이 끝나면 이제 엄마가 씻고 나올 때까지 나는 밖에 앉아 바나나우유 단지를 마시며 자유 시간을 만끽하는 것이다.

엄마가 마저 씻고 나와 이제 목욕탕을 나가며 마지막으로 떡볶이집에 들른다. 먼저 떡볶이와 오뎅을 하나둘 집어 먹다가 "계란범벅 하나 주세요!" 그러면 할매가 국물용 빨간 국자에다가 계란 하나를 쏙 퍼서 위에다가 떡볶이 소스를 얹어다 주셨는데, 이걸 으깨어 소스와 섞어 먹으면 그렇게 맛있을 수가 없었다. 내가 그렇게 먹는 동안 엄마는 옆에서 오뎅 꼬치를 먹었다. 가끔은 같이 순대도 시키고. 그렇게 둘이서 냠냠거리며 분식을 먹고 있노라면 행복이 그리 가까울 수 없었다.

하나 어떤 일에도 끝이 있듯, 그 떡볶이집에서의 행복도 계속될 수는 없었다. 대단한 사건이 있었다기보다, 조금 더 시간이 지나자 나는 자연스레 엄마와 목욕탕을 갈 수 없는 나이가 되었다. 또 꼭 목욕탕 탓이 아니더라도 엄마와 보내는 시간보다 친구들과 보내는 시간이 훨씬 많아지기도 했다. 물론 이런저런 이유에도 결정적인 일은 따로 있었다. 내가 중학생이 될 즈음에 그 떡볶이집이 문을 닫았다. 일전까지는 그래도 종종 오가며 포장해와 집에서 가족끼리 먹곤 했지만, 떡볶이집이 문을 닫자 이제는 정말 맛볼 수 없는 행복이 되어버렸다.

당시에는 지나가며 '떡볶이집 이제 문 닫았네, 할매 건강해야 할 텐데…' 하고 말았지만, 지금 생각해보니 그게 다가 아니었다. 이 떡볶이집은 조금 일찍 매듭지어야 했던 우리 가족의 추억 한 조각이었던 셈이다.

지난 추석 무렵 즈음에 큰마음을 먹었다. 인터넷서 본 떡볶이집을 가보고 말겠다고. 그래서 굳이 한 시간이나 지하철을 타고 해운대역에 갔다. 그러고도 그 집을 찾으려 여기

저기를 헤매다가 이상한 길로 빠지기도 했다. 그렇게 돌아다니며 어찌어찌 결국 떡볶이집에 도착할 수 있었다. 미리 보고 온 것처럼 노부부가 운영하는 단출한 가게였는데, 정말 사진 속의 비주얼과 같아서 반가웠다. 매장 내 식사는 되지 않아 떡볶이와 순대 일 인분씩을 포장했다.

적당한 곳에 자리를 잡고 떡볶이와 순대 포장을 풀고서 떡볶이를 집으니, 진한 소스와 파의 단내가 풍겼다. 향부터 즐기며 입에 떡볶이를 넣고서 쫀득한 떡을 씹기 시작했다. 그러자 이제는 다시 먹지 못할 거라 여기던 맛이 입안에서 데칼코마니 되었다. 그러니까, 정확히 같지는 않더라도 그 포장마차가 문 닫으며 매듭지어진 줄 알았던 추억이 새로운 방식으로 이어졌다. 떡볶이며 순대 맛도 좋았지만, 그 맛보다도 이런 생각에 기분이 더 좋았다. 어쩌면 꽤, 행복했다. 행복이 이런 식으로도 이어질 수 있다는 생각에 어딘가 뭉클함이 차올랐다.

"엄마, 내 오늘 해운대에서 떡볶이 먹고 왔는데…"

집에 돌아가 엄청 호들갑 떨며 말했다. 그런 떡볶이집이 지금도 있더라고. 깨끗하고 정갈하니 맛난 떡볶이를 만드는 곳이 있더라고. 나중에 한 번쯤은 목욕탕 들렀다가 꼭 같이 먹으러 가자고.

미아 될 뻔한 사연

현아!

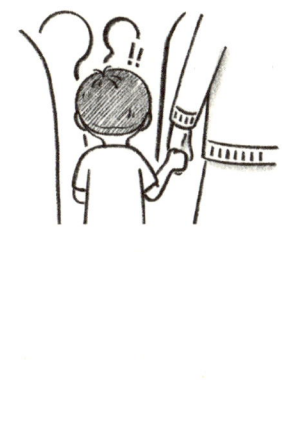

행복한 가정은 대개 비슷하지만, 불행한 가정은 저마다의 이유로 불행하다.

 조금은 무거울 수 있는 주제라, 한 번쯤 들어봤을 법한 문장으로 이야기를 해볼까 싶다. 톨스토이의 소설 〈안나 카레니나〉의 첫 구절인데, 흔히 '안나 카레니나 법칙'이라 불리는 구절이기도 하다. 온전한 행복은 수많은 요소가 충족되어야 한다는 법칙인데, 이 말을 조금 다른 방식으로도 볼 수 있을 것 같다. 불행에도 다양한 모양이 있고, 그 다양한 모양만큼이나 질감과 온도도 모두 다르리라는, 그런 방식으로. 또 다양한 불행 중에서 아마 어떠한 불행은 결코 마주하기 이전으로 돌아갈 수 없는 성격의 것도 있는 것 같다.

'아이를 찾습니다.'

 예를 들면 이러한 불행의 방식이 정확히 그런 모양이 아닐까. 물론 요즘은 실종 아동 유인물이 종이 전단보다는 포털 사이트나 특정 페이지에 올라가는 방식으로 바뀌었다지만, 나 어릴 적만 해도 이런 문장이 쓰인 전단을 건네받는 일이 드물지 않았다. 내용은 하나같이 안타깝기 그지없었다. 아이를 잃은 시간대와 장소, 인상착의가 적혀 있고, 혹시 도움을 준다면 섭섭지 않은 사례를 하겠다는, 그런 내용이었다. 가족과 떨어진 아이가 다시 꼭 가족의 품으로 돌아가면 좋겠다 싶었다. 그런데 엄마가 말하길, 놀랍게 나도 어릴 적에 이런 일이 일어날 뻔했었다고. 물론 우리 엄마의 인생에서 가장 긴박한 순간이었다고도 하시며.

 아마 큰아버지 댁이 통영이었나 거제에 있을 때의 일이었단다. 할머니며 고모들과 큰아버지 댁에 가는 길이었는데, 이것저것을 사러 장날의 시장에 들렀다고. 그러니 할머니에 두 고모, 그리고 엄마에 나까지 있었으니 다섯이나 되는 식구가 사람들 넘치는 시장통을 헤집고 다닌 셈이다. 그러던 중에 엄마가 따로 살 물건이 있어 잠시, 정말 잠시 작은고모에게 나를 부탁하고서 자리를 비웠다고 한다. 그렇게 잠시 자리를 비우고서 다녀왔을 때 고모 옆에 있어야 할 내가, 자리에 없었다.

엄마는 사람이 득실거리는 시장통에서 이제 막 걷기 시작한 아이가 어디로 갔을지 짐작도 되지 않았다 한다. 그 순간에 머릿속이 온통 하얘지며 정신이 번쩍 들었다고. 할머니도 고모들도 엄마만큼 긴박할 수 없었다. 결국 엄마의 문제였고 그러니 반드시 내 새끼는 내가 찾아야만 한다는 자각이 들었다고. 당장 정신을 번뜩 차리고 시장통을 온통 뒤집고 다녔다. 이미 지나온 가게를 들러 혹시 오지 않았나 묻고, 혼자 갔을 법한 곳에 가서 보지 않았나 묻고… 하지만 그 넓은 시장바닥의 수많은 인파 속에서 사라진 아이를 찾기는 요원했다고. 일분일초가 흐를 때마다 머릿속에서 온갖 불길한 상상이 휘몰아쳐서 도저히 어찌할 바를 몰랐다고.

어쩔 줄을 몰라 하면서도 흐르는 시간을 가만둘 수는 없어 이 사람 저 사람 붙잡고서 사정사정하고 다니기를 대략 10분 정도 흘렀을 때, 그러니 정말 미치고 혼절해버리기 직전에, 어느 아주머니께서 엄마의 어깨를 잡았다. 그 아주머니의 반대쪽 손에는 한 아이 손이 쥐여 있었다. 아주머니께서 뭐라 말한 것 같지만, 죄송스레 그 말이 엄마 귀에 들어올 리 없었다. 엄마는 너무도 익숙한 옆의 아이를 바라봤다. 그 아이는 조금 전까지 엄마 옆에서 멀뚱히 서 있던 엄마의 새끼가 맞았다. 서너 살 무렵의 나는 그 10분 새에 무슨 일이 일어났는지 짐작도 못 한 채, 두 눈을 밀똥말똥하게 뜨고서 아무것도 모른다는 표정으로 태평하게. 생판 모르는 아주머니의 손을 잡고서, 그렇게.

대개의 불행은 피부에 와닿기 직전까지 남의 이야기 같기만 하다. 차라리 남의 일이었으면 나았을 불행이 엄마의 그림자를 밟았을 때, 끝나지 않을 것 같았을 그 10분 동안 차마 가늠할 수 없는 생각들이 들었을 터다. 평범하던 시장통이 일순에 지옥으로 보였을 테고, 주변 사람들이 모두 어딘지 의심스러웠을 테며, 할머니며 고모들마저 도저히 믿을 수 없는 사람으로 여겨졌을 터다. 하지만 지금 와서 보자면 더 끔찍한 점은, 그게 곧 닥칠 진짜 불행의 전조 정도였으리라는 점이다. 엄마도 지금은 이야기한다. 그때 그렇게 아주머니 따라 가버렸으면, 그 아주머니 자식이라 해도 아무도 몰랐을 거라고.

이러한 불행의 가능성을 이야기로 풀어낸 소설이 있다. 김영하 작가의 〈아이를 찾습니다〉라는 단편이다. 이 글을 읽어보면 물이 끓어 수증기가 되듯, 임계점을 넘어 결코 이전의 형태로 돌아갈 수 없는 불행의 모양이 적나라하게 그려져 있다. 어쩌면 어떤 평행우주에서의 나는 지금과 완전 다른 꼴의 가족과 살고 있을지도 모르겠다. 그것이 불행인지도 모르는 채.

이런 무수한 불행의 가능성이 스쳤을, 그래서 영원만큼 길었을 그 10분이 지나고서 순진무구한 얼굴로 다가오던 내 얼굴은, 엄마에게 세상 전부라 해도 넘치지 않았을 것이다. 또 이런 일들이 지금도 세상 곳곳에서 벌어지고 있을 테니 자식은 엄마의 세상 전부라는, 그토록 오래된 표현이 여전히 우리 곁에서 친숙하게 들리는 것이지 싶다. 또 어머니들의 '세상 전부' 역시 아마 '안나 카레니나 법칙'과 같이, 세상의 모든 어머니가 하루하루 억척같이 수많은 불행의 가능성을 걷어내고서야 유지해갈 수 있는 행복의 한 방식일 것이다.

쏟아지는 햇살에 부시시 눈을 뜨는 어느 일요일.
점심 약속에 여유 있게 집문을 나서는 평온한 오후.
평범하기 그지 없는 이 일상의 소중함을 알아서
더욱 감사한, 오늘치의 행복.

"이거 좀 먹어봐라"

힘들게 뭘 이렇게 많이 해 왔어?

엄마, 잘 먹을게, 고마워.

설이나 추석을 비롯해 언제고 집에 내려가기 전이면 항상 다짐하곤 한다. 이번 귀향에도 효자는 못 되겠지만 효자인 척은 하고 오자고. 하지만 막상 집에 도착하면 이 마음을 유지하기가 쉽지 않다. 커다란 이유가 있는 것도 아닌데, 항상 먹는 것 때문에.

　"현아, 이거 좀 먹어봐라."

　집에 도착한 순간부터 이 말이 시작된다. 밥을 먹기 전에는 뭐 먹을래, 밥 먹으면서는 이거 좀 더 먹어라, 밥 먹고 나면 과일 안 먹나, 커피 한잔 타 줄까. 그 이후에도 식혜며 강정을 가리키며 맛 좀 보라는 이야기. 처음 한두 번은 웃으면서 아니라고 괜찮다고 하다가, 서서히 굳는 표정을 숨기며 정말 안 먹을 거라고 손사래 치고, 그렇게 참다 참다 기어이 한 번은 짜증을 내고 만다.

"먹으라 소리 좀 그만하라고!"
"진짜로 안 먹는다고! 제발 먹으란 소리 그만 좀 하라고."

심지어 이제는 짜증에 내성이 생겼는지, 소리치며 짜증을 내려 할 즈음에 먼저 선수 치며 "이거 먹어보라 하면 또 짜증 낼 거제?" 슬쩍 던져보기까지 한다. 이야기가 이쯤 되면 나도 오기와 부아가 치밀어 올라서 정말 먹고 싶은 걸 먹으라고 해도 "아니, 안 먹을 건데?" 하는 말이 먼저 튀어나올 때도 있을 정도라 할까.

이번 설도 여느 귀향과 다르지 않아 엄마와 먹는 걸 두고서 이런저런 실랑이를 하다가 가벼운 짜증을 냈는데, 엄마가 이야기했다. 이 말을 듣는 때가 그리운 순간이 올 거라고. 나중 되면 이 이야기도 그리울 때가 올 거라는 말까지도 평소의 레퍼토리에서 크게 다르지 않았다. 그런데 말의 뉘앙스가 평소와 미묘하게 달랐다. 평소의 그것보다 분명 생각이 한 움큼 더 들어가 있는, 그런 뉘앙스였다. 무슨 의미인지 물어보고 싶었지만 우선 참았다. 조금만 기다리면 엄마가 먼저 이야기해줄 걸 알아서.

아니나 다를까. 식사를 마치고 소파에 앉아 과일에 커피를 한잔하며 엄마가 자연스레 이야기를 풀었다. 하지만 엄마가 해준 이야기를 하기 전에, 엄마에 관한 이야기를 조금만 해볼까 한다. 엄마는 시골 집안의 여섯 남매 중 막내로 태어났다. 그 시절 풍족하지 않은 집안에 딸로, 그것도 준비치 않았던 막내딸로 태어났으니 집안의 지원을 받기란 사실 요원한 일이었다. 그래서 공부도 괜찮게 해 나쁘지 않은 대학에 갈 성적은 되었지만 결국 대학 진학을 포기해야만 했다는, 어쩌면 그 시절에 적지 않은 이들이 품었을 서러움이 우리 엄마의 마음 한 켠에도 응어리져 있었다.

엄마는 그때의 서러움을 풀기 위해 5년 전쯤부터 사이버 대학교에서 공부를 시작하고, 사회복지 학사를 취득했다. 그리고 이왕 딴 학위와 공부한 전공을 살려 지자체의 요양

보호사로 소일거리 중이기도 하다. 어르신들 집에 방문해 청소와 설거지를 맡고, 또 말동무 역할을 하는 일이다. 그러니 설 전에 일이 꽤 바쁘셨다는데, 곧 가족들이 방문할 어르신들의 집이니 청소와 정리에도 평소보다 좀 더 신경 쓰고 오셨다 했다.

이렇게 일을 하고 앉아서 할머님과 말동무하는 중에 들은 이야기라고. 어르신도 지금보다 좀 더 건강할 적에 아들딸이며 손주가 올 명절을 앞두고서는 부지런히 장도 보고 음식도 정성껏 준비해 같이 식탁에 둘러앉아 먹는 게 인생의 낙이었단다. 그런데 이제는 다르다고. 자식을 챙기고 싶은 마음이야 예전과 다를 리가 있겠냐만, 이제는 도저히 몸이 따라주지 않아 음식 할 엄두가 나지 않는다고. 그래서 마음만큼 따라주지 않는 상황을 대신해 아들딸 내외가 음식을 준비해와 함께 나눠 먹게 되었다고 이야기해주셨단다. 그러며 엄마는 나와 동생 생각을 했단다. 집에 내려올 적이면 항상 해주는 닭도리탕과 김치찌개를 앞으로 얼마나 더 해줄 수 있을까 하고.

엄마의 고민을 들었으니 이제 내가 고민해야 할 차례였다. 먹으라는 소리에 짜증 내는 지금에 관해선 잘 알고 있고, 엄마를 아주 볼 수 없게 되는 먼 미래에 대해서도 생각해본 적이 있다. 하나 그 사이에 있을 시간이 어떨지는 아직 상상해본 적이 없다. 정말로 엄마의 얼굴에 늘어가는 주름과 흰머리만큼 기차역으로 마중 오는 빈도와 식탁에 차려진 음식의 개수가 줄어들게 될까. 그 시간이 사소한 슬픔을 차곡차곡 쌓아가는 축적의 시간일지, 아니면 커다란 슬픔을 대비하는 정리의 시간일지. 혹은 두 경우 모두 틀리지 않아 사소한 슬픔이 커다란 슬픔을 대비하는 완충 역할을 해줄 시간이 될지는, 아직 잘 모르겠다.

혼자 상념에 빠져서 이런 생각을 한들, 집에 내려갈 때 먹으라 먹으라 하는 엄마의 이야기가 계속되는 동안은 나 역시 계속 거절하다가 여태처럼 짜증을 내곤 할 터다. 이러면서도 아주, 아주 조금씩 바뀌려나. 먹으라는 이야기를 차츰 덜 하는 엄마에 조금씩 짜증을 줄이는 나의 모습으로. 서서히 엄마와 나의 이야기도 달라지다가, 어느 순간에 돌아보면 '옛날에는 안 이랬는데…' 라고 말하는 순간이 오려나.

어떤 일이 있건 마지막에 돌아보면 항상 아쉬움의 쓴맛이 남는다. 조금 더 잘할 수 있었을 텐데 하며. 그래서 엄마와 나의 이야기가 어떻게 달라지든, 상상할 수 있는 마지막 순간이 다가오면 나는 자책하고 후회밖에 할 수 없는 자식으로 남을 텐데, 그래서 나는 결국 마지막까지 좋은 자식으로 남기는 쉽지 않을 텐데, 벌써 이런 생각을 할 필요는 없겠지. 어쩔 수 없이 일어날 일이라면 미리 속상해한다 한들 별수 없으니까. 대신 당장 지금이라도 전화 한 통이나마 더 하는 게 내가 할 수 있는 최선이겠지.

맛없는 감자탕의 변명

솔직히 말하건대, 엄마의 감자탕은 맛이 없다. 정확히 말하자면 이게 아주 맛이 없다기보다는 감자탕인지, 돼지 등뼈를 곁들인 시래깃국인지 헷갈린다고 해야 할까. 엄마는 호박죽이며 양념게장을 비롯해 손이 많이 가는 음식들도 기가 막히게 요리하곤 하지만, 별달리 어려워 보이지 않는 감자탕만큼은 유달리 맛없게 만드는 재주가 있다.

결혼하기 전까지 엄마는 라면 끓이고 계란이나 구울 줄 알았을까, 제대로 된 요리는 해본 적이 없었다. 그러다가 매우 짧은 만남 끝에 결혼하고서 살림을 맡게 됐으니 엄마의 요리 실력은 얼추 내가 자라는 속도에 발맞춰 늘었다고 말해도 틀린 말은 아닐 것이다. 이에 반해 시댁의 할머니나 고모들은 당시부터 저마다 엄청난 요리 실력을 뽐냈던지라, 까탈스러운 아버지의 입맛에 맞게 음식을 하기가 이만 저만 어려운 게 아니었다고. 물론 요즘이라면 가당치도 않을 까탈이라 크게 핀잔할 일이지만, 30년도 더 전의 그 시절은 그랬다. 뭔가 오기가 생긴 엄마는 차근차근 이것저것 새로 해보고 배우는 수밖에 없었다고.

음식을 하나하나 배우는 와중에 생긴 어이없는 에피소드도 있다. 이를테면 엄마가 살면서 처음 김치를 담그는데 그 계절이 한여름이었다나 뭐라나. 엄마는 무더운 여름에 김치를 담그려고 쭈그려 앉아 땀을 뻘뻘 흘리며 온종일 배추를 소금에 절이고 뿌듯한 마음으로 잠들었다. 그리고 다음 날 김장을 하려고 보니, 배추가 모두 사라져 있던 것. 물론 배추 도둑이 들었을 리는 없었다. 배추가 소금에 녹아내려 형체도 찾기 힘들게 된 것이다. 알고 보니 무더운 날씨일수록 소금을 더욱 듬뿍듬뿍 쳐야만 했다. 그래야 삼투압 작용이 제대로 일어나 배추가 소금을 잘 먹는다고. 그런데 요리의 기본도 모르던 엄마는 배추에다가 짜디짠 왕소금을 이렇게나 많이 넣어도 되는가 싶어 소금을 찔끔찔끔 쳤고, 그

덕에 무더운 열기가 배추를 다 녹여 먹고 말았던 것이다. 첫 김장에 일어난 대참사로 엄마는 향후 20여 년간 김치 담그기를 포기한다.

김장뿐 아니라 음식에 관한 웃지 못할 에피소드는 떠올려보자면 밑도 끝도 없다. 떡볶이에 빨간 색깔을 낸다고 고추장 대신 케첩을 듬뿍 넣어 웃지도 울지도 못할 맛의 떡볶이를 만들기도 해 나와 동생이 고통받은 적도 있고… 아무튼 이런 경험 하나하나가 모여 엄마의 요리 실력으로 차곡차곡 쌓였다.

무엇이든 세월이 쌓이면 빛을 보듯, 요리한 지 서른 해가 지난 엄마는 이제 어디 내놓아도 자랑할 만한 요리 실력을 지니게 된 것이다. 그럼에도 여전히 감자탕이 맛이 없는 이유는 따로 있다. 요리를 잘하는 지금이나 요리를 못하던 예전이나 엄마에게 맛은 첫 번째 문제가 아니기 때문이다.

엄마에게 첫손가락은 언제고 깔끔과 청결이다. 솔직히 말하자면 지나칠 정도로. 세월이 꽤 지난 지금은 그래도 조금 무던해진 편이지만, 젊었을 적의 엄마는 결벽증에 가까운 성격이었다. 그래서 나 어릴 적에는 아침저녁으로 두 번씩 청소기를 돌리고, 목욕탕 정기권을 구매해 아침이면 목욕탕에 갔다가 자기 전에도 샤워를 해야 성에 찼다고. 그 성미가 음식을 할 때 더했으면 더했지, 덜할 리는 없다. 생각을 여기까지 이으면 감자탕의 맛이 왜 그런지 상상해볼 법하다. 모두들 맛있다며 잘 먹는 돼지 등뼈의 기름이 엄마의 눈에는 매우 탐탁지 않은 음식 재료로 보이는 것이다.

 감자탕을 만들 땐 돼지 등뼈를 찬물에 헹군 채로 바로 냄비에 끓여야 한다. 등뼈를 끓일 때 주변에 붙은 기름이 녹아 감자탕 맛의 근본이 되기 때문이다. 하지만 이놈의 병적인 결벽, 엄마 눈에 흙이라도 들어가면 모를까 두 눈 뜨고 이 기름기를 둔 채로 요리할 리가 없다. 찬물에 헹군 등뼈도 기름기가 붙어 있기는 마찬가지이니, 그 등뼈를 뜨거운 물에다가 다시 한번 더 헹군다는 명목으로 삶는다. 이쯤 되면 이제 맨눈으로 봐도 등뼈에 기름이, 그러니까 맛을 내는 기름이 꽤 떨어져 나가는데, 이마저도 엄마의 눈엔 크게 탐탁지 않지만 그나마 이제 먹을만한 정도는 되는 것이다. 이 기름기 다 빠진 등뼈에 제아무리 시래기와 감자를 넣고

된장을 풀어봐야 우리가 아는 감자탕의 맛이 날 리가 없다. 그러니까 이 요리는 돼지 등뼈를 곁들인 시래깃국이라 하면 차라리 말이 맞을까, 감자탕이라 부르기는 애매한 음식인 것이다.

그러니까, 엄마의 맛없는 감자탕은 요리 솜씨의 문제는 아닌 셈이다. 노골적으로 이야기하면 최선을 다해 맛없게 만든 감자탕이라 부르는 게 맞겠다. 하나 이 감자탕만 봐도 알 수 있는 성미 덕에 어릴 적부터 깨끗한 음식에 깔끔한 환경을 누리며 자랐으니 이 감자탕만 두고서 엄마의 요리를 탓하기는 분명 공정치 못한 부분이 있지 않나 싶다. 그러니 집에서 감자탕을 먹을 때면 이걸 돼지 등뼈를 곁들인 시래깃국이라 되뇌며 먹는 게 가족 모두의 평화를 위한 방법이겠다.

엄마와 유럽여행

이거 예쁘네.

내 새끼들 고마워.

자그마한 갈색 크로스백. 근래에 집에 갔을 때 엄마는 어깨에서부터 사선으로 갈색 크로스백을 메고 있었다. 가벼운 외출을 나갈 때는 물론이고 장을 보러 갈 때나, 집 주변 둑에 밤 산책하러 갈 때도 항상 들고 다니는 것 같았다. 내가 보기에 크로스백을 멘 엄마의 모습이 그렇게 익숙하지는 않았다. 손에 들고 다니거나 팔에 걸치고 다니는 백은 자주 봤는데, 어디서 난 백이길래 그렇게 열심히 쓰는 백인가 싶었다. 이 의문의 해답은 의외로 엄마가 아니라, 동생과 이야기하며 찾을 수 있었다.

 그러니까, 결론부터 이야기하자면 자그마한 갈색 크로스백은 포르투갈의 도시 포르투의 한 시장에서 산 평범한 가죽 가방이었다. 포르투갈은 엄마가 살면서 두 번째로 방문

한 유럽의 나라이자 처음으로 떠난 유럽여행의 코스이기도 했다. 더 정확하게 이야기해보자면 이 여행은 엄마가 항상 꿈꿨지만 한 번도 가지 못했던 유럽으로의 첫 여행이었고, 딸과 함께 둘이서 떠난 첫 여행이기도 했으며, 무엇보다도 아들딸이 함께 돈을 모으고 시간을 짜내어 보내드린 효도여행이었다.

엄마는 유럽여행을 가본 적이 없다. 유럽은 고사하고 쉰이 넘어 친구들과 모은 곗돈으로 다녀온 캄보디아가 인생에 있었던 처음이자 마지막 해외여행이었다. 당연히 가기 싫어서 안 간 건 아니었다. 그랬다면 앙코르와트 사원에서 급작스레 맞았던 폭우며 동남아 과일들의 놀라운 맛에 대해 그렇게 자주 이야기할 리가 없었다. 그저 집안의 형편이 썩 좋지 않아 멀리 나갈 여력이 없었을 뿐이었다. 아주 간혹 자그마한 여윳돈이 생기면 그건 어떤 형태로건 나와 동생에게 보탬이 되는 방식으로 몫을 돌렸으니, 해외여행은 반평생 요원한 일이었다.

이런 노고를 디딤돌 삼아 나와 동생은 커다란 부족함 없이 자랐고, 사회에서 차츰 자리를 잡아갔다. 그러며 한푼 두 푼 조금씩 모은 돈으로 해외여행도 한번 두번 다녀오고, 새로운 경험도 쌓을 수 있었다. 그렇다고 좋은 곳에 가서 멋진 풍광을 보고 새로운 음식을 맛보며 항상 자기 생각만 할 정도로 이기적인 자식들은 아니었다. 부다페스트에서 어이없을 정도로 아름다운 야경을 바라보며, 프라하 도로변을 가득 메운 거리의 예술가들을 보며, 고즈넉한 잘츠부르크 잘자흐 강 주변을 산책하며 마음 한 켠에서는 엄마도 한 번쯤 이런 곳에 여행 오면 좋겠다 하는 마음이 있었다.

그러다가 기회가 생겼다. 아니, 정확히 말하면 기회를 만들었다. 동생이 네덜란드로 교환학생을 가게 되었는데, 교환학생들은 으레 학기를 마치고 교환학생을 마무리할 때면 주변 국가들을 여행하곤 한다. 이때 동생과 이야기를 하다가 아주 우연히 엄마 비행기표만 끊으면 함께 여행할 수 있지 않겠느냐 하는 이야기가 나왔다. 더불어 동생과 함께 갈 기회를 놓치면 어르신들이 가는 효도 관광이나 보내드릴까, 배낭여행 형식의 여행은 영영 어려울 것이 분명했다. 말이 나온 차에 미룰 필요가 없었다. 내가 엄마의 왕복 비행기표를 끊고, 동생이 여행지에서의 일정을 책임지기로 했다. 엄마를 해외여행 보낼 계획은 이렇게 시작됐다.

 계획은 치밀해야 했다. 멀리 여행지에서의 코스를 뜻하는 게 아니라, 첫 도착지인 프랑스에서가 문제였다. 엄마는 영어도 안 되고 전자기기와도 친하지 않은 사람이었으니까. 여권이나 공항 도착 시각에 대한 체크는 기본이었고, 비행기에서 내려 동생이랑 만날 때까지가 난관이었다. 해외에서 쓸 선불 유심칩. 이것만 끼우면 통화가 되니 동생을 만나는 데 커다란 문제가 없었는데, 이걸 휴대폰에 꽂고 동생과 연락하기까지의 과정이 그리 만만치 않았다. 해외여행도 유심칩도 우리에게는 너무도 당연하고 익숙한 것들이, 엄마에게는 그렇게 어렵고 낯설 수밖에 없는 것들이었으니까.

 몇 번이고 반복해 당부한 덕일까, 엄마가 비행기에서 내릴 시간이 조금 넘어 슬슬 걱정되려던 차에 동생에게서 엄마와 잘 만났다며 연락이 왔다. 나는 이 연락으로 한시름을 놓을 수 있었다. 내 역할은 이까지였다. 이제부터는 엄마와 동생이 즐겁게 즐길 시간이었다. 둘은 프랑스에서 함께 에펠탑도 가고 베르사유 궁전에서 피크닉도 했으며 때로는 근사한 레스토랑에서 식사도 했다. 엄마가 잘하지 못하는 맥주도 좀 마셨다 한다. 그리고 두 번째로 간 도시가 포르투갈의 포르투였다. 여기서는 에어비앤비로 숙소를 잡아 며칠 있었는데, 에어비앤비의 전망이 그렇게 근사하다고 몇 번이나 사진을 보내왔다. 또 포르투갈에서는 함께 와인 농장 투어도 가고 해산물도 원 없이 먹었다고, 프랑스보다도 포르투갈이 정말 좋았다고 한다.

그때까지 엄마가 메고 있던 크로스백은 한국에서 가져간 검은색 가방이었는데, 동생과 같이 거리를 걷던 중에 가방의 끈이 떨어지는 바람에 근처 시장에서 마음에 드는 가방 하나를 샀단다. 이게 그 갈색 크로스백이었다. 동생이 이 말을 하며 사진을 두 장 보여줬다. 두 장 모두 엄마와 동생이 함께 찍은 사진이었는데 한쪽의 엄마는 검은색 크로스백을, 다른 하나는 갈색 크로스백을 메고 있었다. 그러니까, 엄마의 갈색 크로스백 사랑은 포르투갈의 한 시장에서 산 순간부터 지금까지 주욱 이어진 것이 분명했다.

이 가방은 엄마에게 그냥 가방이 아니라 아마 어떤 상징 같은 것일 터다. 이를테면 내가 닭도리탕이나 일미무침을 보며 드는 뭉클한 마음처럼, 엄마도 이 갈색 크로스백을 멜 때면 항상 포르투갈에서의 그 시간이 머릿속을 스칠 것이다. 엄마의 카카오톡 프로필 사진 하나가 이 가방을 메고 동생과 함께 찍은 사진인 걸 봐도 분명 그럴 것이다. 그때 엄마를 유럽으로 안 보냈으면 어쨌을까 싶을 만큼. 그리고 조금 웃기지만 여행지의 재미보다도 아마 우리가 그렇게 보내드렸다는 점이 엄마 스스로에게도, 그리고 주변 친구들에게도 이야기하기 더욱더 뿌듯한 일로 남지 않았을까 하는 생각도 든다.

길거리에서 반드시 마스크를 써야 하고 해외여행은 아득히 옛날 일처럼 느껴지는 지금의 시점에 와서 보면 시간이 지날수록 잘했던 일이라는 뿌듯함이 더해진다. 그 시점이 엄마가 갈 수 있는 가장 젊은 날의 유럽여행의 시점이기도 했고. 아무쪼록 언제가 될지 잘 모르겠지만, 나도 한 번은 엄마랑 둘이서 해외로 여행을 가봐야지 싶다. 그리고 그 시점이 너무 멀지 않으면 좋겠다는, 그런 바람이 있다.

특별할 것도, 대수로울 것도 없는 물건에
당신이라는 이름과 손길이 스미는 순간
그 물건은 새로이 이름을 얻게 된다.
'당신과의 추억'이라는 이름을.

동그란 뒤통수

고백 아닌 고백을 하자면, 나는 팔삭둥이다. 이놈의 성질머리가 엄마 뱃속에서부터 시작된 건지 아니면 그냥 갑갑했던 건지는 몰라도, 남들은 꼬박 열 달을 채우고 나오는 엄마 배를 한 달 반이나 일찍 두들기기 시작했다. 물론 아이가 나오려면 아직 한참이나 남았다고 알고 있던 엄마는 크게 당황할 수밖에 없었고. 아마 식사하시던 중이라 했던 것 같다. 엄마가 밥을 먹는 중에 내가 예상치 못한 발길질을 시작한 탓에 급작스레 산부인과로 향했고, 또 엄마의 건강이 썩 좋지 않아 빠르게 제왕절개라는 선택지를 고를 수밖에 없었다.

갑작스러운 나의 등장, 즉 예상치 못한 출산은 부모님의 결혼식이 있고 거의 정확히 열 달 만의 일이었다. 그리고 시절이 시절이었던지라, 열 달 만의 출산으로 받지 않아도 될 쓸데없는 의혹의 눈총을 꽤 받았다고. 더군다나 이 의혹에 불을 지필 만한 불쏘시개도 꽤 있었다.

먼저 엄마와 아버지는 그 시대를 기준으로 꽤 늦은 나이에 만났다. 그런 데다가 만나고서 두세 달 만에 결혼식을 치렀으니, 이미 적지 않은 의혹의 눈초리가 있었을 것이다. 거기에 내가 예정보다 이르게 태어난 걸 보고서 그 의혹의 눈초리가 얼마나 불거졌을지는 직접 보지 않아도 훤했다. 한참 시간이 지나고서 이야기로만 건네 들은 나도 부족하지 않게 상상할 수 있을 만큼.

또 이런 외적인 문제보다 훨씬 심각한 걱정거리도 있었다. 칠삭, 팔삭, 구삭둥이처럼 열 달을 가득 채우지 못하고 나온 아이들에 대해서는 썩이나 좋지 못한 속설이 있었다. 엄마 배 속에서 직접 영양분을 전달받고 발육이 촉진되어야 할 시기가 짧아진 탓에, 아무래도 약간 모자라지 않겠느냐 하는 속설이. 여기서 파생된 욕이 '칠푼이'나 '팔푼이'로, 채 온전히 자라지 못한 상태로 세상에 나왔다는 비속어이다. 그렇다고 그저 속설이라 치부하긴 어려웠던 게, 과거에는 만삭을 채우지 못한 경우 실제로 미숙아가 될 확률이 높기도 했었다고 한다. 물론 요즘에 와서는 전혀 신경 쓰지 않아도 될 말이 되었지만.

 이처럼 나를 처음 가졌을 때부터 엄마는 신체적인 측면에서만 힘든 게 아니었다. 안 그래도 잔병치레가 많은 체질이라 건강 관리가 쉽지 않았던 것부터, 소문을 좋아하는 사람들의 그리 유쾌하지 않은 시선, 예상보다 일찍 나온 아이 탓에 더욱 노골적으로 나왔을 뒷말들, 그 무엇보다 어쩌면 어디가 불편하게 나온 것은 아닐까 싶은 첫 아이 걱정까지. 이런저런 걱정으로 머리가 얼마나 복잡했을지 모르겠다.
 그런데, 의외로 당사자인 엄마는 전혀 상관없었다고 한다. 주변의 시선이 어떻든 배 속에서 내가 어떤 난동을 부리든 엄마의 계획은 창창했다고. 심지어 내가 배에서 나온 첫 순간부터. 엄마가 나를 낳고 처음 한 일은 당연히 내 얼굴을 보는 것이었다. 여기까지는 대부분 엄마가 비슷할 텐데 그다음부터 조금 다르다. 엄마는 내 얼굴을 보고 나서 곧바로 나를 뒤집어 눕혔다. 무슨 말인가 하면, 아이가 천장을 보고 누우면 아직 뼈가 굳지 않아 무른 뒤통수가 편평해지고, 두상이 못생겨진다는 속설을 어디선가 들은 것이다. 그래서 엄마는 나를 바닥이 보게 눕히고서, 바닥과 닿는 볼을 번갈아 눕혔다는 이야기. 그러니까 엄마의 귀에 들어간 주변의 이야기는 가소로운 험담 따위가 아니라, 당장 내 새끼 뒤통수가 어떻게 해야 예쁘게 자리 잡는가 하는 현실적인 문제밖에 없었다.

뱃속에서 예상보다 일찍 나온 이유가 그냥 급한 성격 탓이라는 듯, 나는 건강에 어떤 문제도 없이 잘 자랐다. 태어난 첫날에 어디가 덜 자라지 않았을까 걱정이 되어 인큐베이터에 넣기도 했는데 웬걸, 의사 선생님이 말하길 너무 건강해서 더 있을 필요가 없다며 하루 만에 인큐베이터에서 나와 신생아실로 보냈다고. 그렇게 얼굴을 번갈아 가며 눕힌 덕인지, 여덟 달 반 만에 난 내 뒷머리도 계획대로 뒤짱구 머리로 둥글둥글하게 자리 잡았다.

내가 직접 글로 쓰자니 웃기고 민망한 일화이긴 한데, 이 두상에 관해 엄마가 매번 자랑하는 이야기가 있다. 아직 유치원생일 시절에 다니던 미용실에서 나는 어지간히 까불거려도 미용사 아주머니의 사랑을 받았다. 그 이유가 머리를 어떻게 잘라도 잘 어울렸기 때문에 기대치 않게 미용실 홍보가 됐다고. 그러다가 나를 보고 미용실을 찾은 한 엄마의 동네 친구분께서 아들 머리를 나처럼 깎아달라 했는데, 이 친구의 머리가 흔히들 말하는 '바가지 머리'가 됐다고. 이 어머니 입장에서는 억울했을 법하다. 그래서 자기 아들 머리는 왜 이렇게 깎았냐 미용사 아주머니께 따졌다고. 이때 아주머니의 말이 정말 가감 없이 직설적이었다. 지금 내 입장에선 웃지도 울지도 못할 아슬아슬한 느낌이긴 하지만.

"머리는 똑같이 자른 거예요! 달라 보이는 건 현이랑 두상이 달라서 그런거고!"

태어난 순간부터 관리한 값을 톡톡히 한 셈이라 할까. 그러니 내가 웃든 울든 상관없이, 이 대사는 아직도 엄마의 평생 자랑거리 중 하나로 남아있다. 주변의 불편한 시선과 건강 염려를 딛고서 잘 자란 첫 아이가 얼마나 소중하고 사랑스러웠을지, 물론 굳이 그때를 떠올리지 않더라도 지금도 차고 넘치게 느낄 수 있다. 지금은 어릴 적만큼 헤어 스타일이 잘 받는 얼굴과 두상은 아니게 되어 조금 아쉽긴 하지만, 아무쪼록 이쯤이면 무탈하게 잘 자란 자식 노릇 정도는 하는 편이라 혼자 으쓱거릴 수는 있겠다.

필살 음식, 호박죽

엄마 호박죽 최고!

자기네 스스로가 최고라 하기에는 조금 민망한지, 그래도 최고로 맛있는 곳은 아니라고 하는 단팥죽 가게가 하나 있다. 다시 말해 적어도 두 번째로 맛있다고는 자신하는 집인데, 삼청동에 있는 기가 막힌 단팥죽 집의 이야기이다. 이런 이야기를 듣고도 내 성격에 굳이 죽을 먹으러 어디 멀리 나갈 일은 굳이 없었는데, 한 친구가 이 집 죽이 먹고 싶다고 노래를 불러서 기어이 한번 찾아가게 되었다.

그런데 웬걸, 죽집에 포장과 배달 주문이 끊이지를 않고, 식사 시간이라 그런지 웨이팅도 적지 않게 있었다. 심지어 죽 한 그릇의 가격이 어지간한 국밥 가격과 같은데도 그랬다. 속마음으론 삼청동까지 가서 억지로 줄을 서며 '식사도 아니고 죽인데…' 하던 투덜거림이 사그라드는 데에는 그리 오랜 시간이 걸리지 않았다.

가게 안에는 웨이팅이 무색하지 않을 만큼 멋진 향이 그 윽했다. 수정과도 만드는 집답게 과하지 않은 생강 향이 은 은하게 묻어났고, 테이블이며 의자와 가게의 분위기도 죽 을 먹기에 적절했다. 자리에 앉아 주문하고서 오래지 않아 죽이 나왔는데, 푹 잘 삶은 팥죽 위에 커다란 떡 한 덩이, 채 썬 밤 조각들, 은행과 팥에 계핏가루까지 얹어져 아주 먹음 직스레 나왔다. 먹으면서 친구와도 이 정도면 생각날 때 종 종 와서 먹기에 부족함이 없겠다는 이야기를 나눴다.

그러면서 나는 속으로 다른 생각을 했다. 우리 엄마의 호 박죽 생각. 어느 어머니들에게나 나름의 '필살기'가 있다고 들 하는데, 엄마의 필살기를 꼽자면 바로 첫 손에 호박죽을 꼽을 수 있겠다. 혹시나 해서 말하는데 우리 엄마 요리라고 유난 떠는 건 결코 아니다. 엄마 친구나 친인척들이 종종 잘 익은 호박을 건네주며 같이 끓여 먹자고 부탁할 정도로 맛있는 호박죽이니, 자랑하기에 부족함 없는 맛인 게 분명 하다.

죽은 정성으로 쏜다고 한다. 엄마가 호박죽 끓이는 과정을 보면 그 말이 농담이 아니란 걸 체감할 수 있다. 맛있는 음식의 기본인 좋은 재료는 말할 것도 없다. 먼저 방앗간에서 빻아온 햅쌀 가루, 신선한 서리태, 아주 푹 익은 호박이 필요하다. 거기에 호박을 도깨비방망이나 다른 기계로 미리 갈아서 만들면 호박의 결이 죽어 제맛을 못 내니 호박을 덩이째로 잘라 넣고 삶아야만 한다. 커다란 냄비에서 호박이 풀어져 슬금슬금 끓으려 하면 이제 곧 팔이 빠지라 냄비를 저어줘야 하는데, 이 때문에 한 번 죽을 쏘고 나면 팔목이 그렇게나 아프다고. 아무쪼록 기막힌 호박죽은 이렇게 탄생한다. 아니, 이런 노고를 거쳐 만든 죽이 맛이 없다면 차라리 그편이 이상한 일일까.

 아, 물론 그냥 팥죽을 먹으니 엄마의 맛있는 죽이 떠오르기도 했지만 조금 다른 생각이 앞섰다. 엄마의 죽도 이렇게 사업화할 수 없을까 하는 발칙한 생각이. 처음부터 이렇게 이름 날리는 죽집이 될 수는 없을 테니, 아주 간단한 시도부터 해보는 것이다.

격주로 한 번씩 주변 지인들에게 펀딩 방식으로 죽을 팔아볼 수 있을 것 같았다. 이렇게 두 달 정도만 유지할 수 있다면 최소한의 판매 수요는 보장이 되는 셈이니, 이때부터 배달 앱 플랫폼에서 한번 소소하게 팔아보면 충분히 해볼 법한 일이 아닐까 생각이 들었다.

생각을 정리해 엄마에게 이러저러하니 한번 해보면 어떻겠냐고 이야기했다. 엄마의 반응은 예상대로였다. 엄마는 우선 안 될 이유부터 찾았다. 먼저 누가 그렇게 비싼 돈을 주고 죽을 사 먹겠냐고, 단가가 안 맞을 거라며 손사래 쳤다. 요즘 소비자들은 달라졌다고, 맛만 확실하다면 돈을 조금 더 내는 데에는 크게 거리낌이 없다고 말했다. 간단하게 주변 사람들에게 먼저 시도해보는 건 어떻겠냐며 가볍게 시도해보자 하니, 이내에 또 다른 안 될 이유를 찾았다. 일일이 이렇게 죽을 만들다가는 안 그래도 안 좋은 손목이 남아날 리 없다는 이야기. 너무 맞는 말이었지만 또 나름의 생각이 있었다. 공정을 최대한 매뉴얼화, 기계화하는 것이다. 젓기 기능이 있는 냄비가 있어 이 냄비를 내가 사주겠다 했다. 그러면 지금만큼의 수고를 들일 필요가 없을 것이라 하니, 이번에는 그래도 결국 또 다시 아주 약간의 가능성은 보였는지 곰곰이 생각하다가 그래도 안 되겠다고 했다. 지금 이런저런 일들 때문에 그런 일을 벌이기는 부담스럽다며. 그러면서 엄마가 되물었다. 요즘 갑자기 왜 이렇게 호박죽 타령을 하게 됐냐며.

그래, 마음의 문제. 이 문제만큼은 내가 어찌 답을 할 수 없었다. 그리고 엄마의 질문처럼 이 생각을 하게 된 게 엄마의 호박죽 실력을 썩히기 싫어서만은 아니다. 그냥 한 번쯤은 엄마가 잘하는 일로, 엄마 손으로 뭔가 성과를 일구면 좋겠다는 자식으로서의 욕심이 있었다. 엄마가 '엄마'라는 이름으로 자기 자신을 잊고 산 지가 이제 얼추 30년이 넘어가는데, 이제는 엄마가 '엄마' 대신 엄마의 '이름'으로 뭔가 일을 해봤으면 했다.

물론 반대로 엄마의 입장에서는 이제 와서 굳이 무언가를 새로 시도한다는 자체가 너무도 부담되고 어려운 일이란 것 또한 잘 알고 있다. 그래서 사실 내 속마음을 말하자면 이 사업이 성공할지 실패할지는 크게 상관없었다. 엄마가 엄마의 이름으로 무언가 시도하고 도전하는 모습을 보고 싶었다. 그리고 호박죽이라는 남다른 음식이 이 시작의 도화선이 되어줄 수 있지 않을까 하는 생각이었다.

그렇다고 이런 마음을 엄마에게 직접 터놓을 수는 없었다. 엄마가 '엄마'로 산 수혜를 가장 직접적으로 받은 입장에서 지금에 와서야 이런 말을 하는 건 뭐랄까, 이거며 저거며 모조리 갖고 싶다는 과욕이란 걸 아니까. 대신에 내가 할 수 있는 걸 하기로 했다. 엄마가 동생의 졸업식을 겸해 서울로 왔을 때 같이 삼청동의 단팥죽 집도 함께 가본 이유도 이 설득의 일환이었다. 나는 앞으로도 계속 호박죽 이야기를 꺼내며 엄마를 괴롭힐 생각이다. 하고 안 하고는 엄마의 선택이지만, 말을 하고 말고는 또 내가 할 수 있는 범주 안의 일이니까.

삼청동의 단팥죽 집은 이제 곧 50년이 다 되어 가는 집이라 한다. 이 가게의 사장님이 죽집을 처음 시작하고 죽을 쑬 때 이 가게가 50년이나 장사를 이어갈 것이라는 생각은 아마 없지 않았을까. 하루하루 마음을 다해 죽을 쑤고 찾아주는 손님들을 대하다 보니, 어느새 50년의 세월이 지난 게 아닐까 싶다. 그러니 엄마도 어떤 대단한 성공을 바라는 욕심 때문이 아니라 아주 자그마하게라도 잘할 수 있는 무언가를 시도해보면 좋겠다는 자식의 욕심이다. 그 시도 자체에 의미가 있으니까. 엄마에게 말하기는 조금 그랬지만, 나의 호박죽 사업 타령은 이런 마음 때문에 앞으로도 계속될 예정이다.

집밖에서 호박죽을 먹을 때면 종종
'호박죽은 원래 이런 맛이 아닌데'
혼자 속으로 어깨를 으쓱할 때가 있다.
엄마와의 추억을 맛으로 나타내자면
그 중 하나는 분명 호박죽 맛일 것이다.

컵라면 여행

우리 라면 언제 먹어요?

차에서 먹으면 더 맛있어.

여행이라 하면 사람들마다 조금씩은 다를 수 있겠지만, 아무튼 익숙한 일상에서 벗어나 색다른 경험을 하고 새로운 감각을 찾으러 떠나는 느낌이 아닐까. 그러니 조금 산뜻한 여행이라 하면 여분의 옷과 세면용품을 챙긴 캔버스 재질의 백팩에, 새것은 아니라도 너무 닳지는 않은 스니커즈를 신고서 훌쩍 떠나는 모습이지 싶다. 여기서 조금 더 우아한 느낌으로는 이것저것 욱여넣은 네모난 캐리어에 넓은 챙의 모자, 거기에 선글라스를 끼고서 따뜻한 볕이 쏟아지는 휴양지로 떠나기 위해 공항 라운지에 앉아 있는 모습에 가까울 것 같다. 아무쪼록 이런 맥락에서 색다른 경험과 새로운 감각을 찾으러 떠나는 여행, 나도 여행을 좋아한다.

우리 부모님은 첫 아이에게 많은 경험을 선물하고 싶어

함께 여행을 참 많이 다녔다. 인근 도시인 부산의 온천장은 물론이고 시 근처에 있던 유원지에도 자주 갔고, 경치가 좋기로 유명한 거제의 해금강이며 부곡의 리조트를 비롯해 명소도 적지 않게 다녔다. 내가 초등학생이 된 기념으로는 가족끼리 제주도를 다녀오기도 했다. 이 경험들은 아마 내가 자랄 때에 의식적이든 무의식적이든 꽤 커다란 영향을 미쳤을 텐데, 아쉽게도 어른이 된 나는 당시의 어떤 멋진 여행도 구체적으로 기억하지 못한다. 대신 내가 기억하는 아주 하찮고도 사소한 여행이 하나 있다. 이걸 일반적인 의미에서의 여행이라 부를 수 있을지는 모르겠지만.

어릴 적부터 친가나 외가 모두 집에서 두 시간 거리를 벗어난 적이 없었다. 집이 가까우니 왕래가 잦았고, 별다른 일이 없어도 그냥 놀러 가서 식구끼리 함께 밥을 먹고 오는 일도 자연스러운 일상이었다. 그러니 엄마 차를 타고 둘이서 함께 할머니 댁을 가는 일도 꽤 있었다. 할머니가 요리를 무척이나 잘하셨던지라 할머니 댁에서 밥을 먹는 경우가 대부분이었지만 먹고 출발하기도 좀 그렇고, 도착해서 먹기도 애매할 때가 아주 간혹 있었다. 이럴 때면 엄마가 미리 나름의 준비를 했다.

거창한 무언가는 없었다. 자그마한 컵라면 두 개와 커피 믹스 한 봉지, 그리고 깨끗이 씻어 자른 과일 도시락이면 더 필요한 게 없었다. 아, 라면과 커피를 위한 보온병까지는 잊으면 안 된다. 그렇게 내가 엄마 옆자리에 앉고, 뒷좌석에 컵라면이며 과일, 보온병을 두고서 이제 출발하는 것이다. 그러면 나는 출발부터 컵라면이 신경 쓰여서 언제 먹을지 생각을 하노라면 정말 배가 고픈 건지, 아니면 라면이 먹고 싶은 건지 아무튼 예정보다 분명 이른 시간에 이렇게 말하는 것이다.

"엄마 나 배고파! 우리 라면 먹자!"

그러면 엄마도 이런 내 마음을 알고 그러자 하시며 적당한 도로변에 차를 대었다.

내가 새우탕과 튀김우동 컵라면을 정말 좋아했던지라 엄마는 보통 그 두 개의 컵라면을 준비하고서 내가 먹을 걸

고르면 엄마가 다른 하나를 먹었다. 차에서 컵라면에 보온병의 물을 붓고서 4분이면 라면이 익는데, 그 시간이 그렇게 길 수가 없었다. 또 세상에서 가장 긴 4분이 지나면 나는 라면을 그냥 먹는 법이 없었다. 꼭 컵라면 뚜껑을 원뿔형 그릇 모양으로 접고 거기다가 면을 덜어 먹어야 제대로 먹는 기분이 났다. 그 꼬맹이가 좁은 차에서 엉거주춤한 자세로 뚜껑을 접고 면을 덜라 하면 주변에 국물이 튀지 않을 리 없었다. 그러니 엄마가 굳이 수고롭게 직접 덜어주기까지 하면, 이제부터 정말 본격적으로 라면을 먹는 것이다.

어디 라면만 맛있었을까. 평소에는 그냥 먹던 입가심용 과일까지 괜히 더 맛있게 느껴졌다. 가끔 귤이나 오렌지도 있었던 것 같지만 보통 사과 한 쪽에 바나나 한 개였던 것 같다. 그러고도 아직 끝이 아니었다. 마지막 백미는 믹스커피였다. 평소에는 건강에 안 좋다며 마시지 말라 하던 믹스 커피도 그때엔 '오케이'였다. 물론 한 잔 통째로는 아니고 엄마가 마실 한 잔에서 한 모금 정도. 가장 감질나는 정도의 양으로. 홀짝홀짝 그렇게 커피까지 마시노라면 더 바랄 게 없었다.

컵라면에 물을 붓는 순간부터 마지막 과일 조각을 먹기까지 아마 30분 정도나 걸렸을까. 그리 편치 않은 차 안에서 엄마와 둘이서 이렇게 간단한 요깃거리를 하던 순간이 그 수많은 여행보다 훨씬 선명하고 확실하게 기억난다. 익숙한 일상에서 벗어나 색다른 경험을 하고 새로운 감각을 느낀다는 측면으로 보자면 이보다 명확한 여행이 있을까. 그래서 그 어떤 여행들보다도 가장 확실했던 유년기의 여행이라 말할 수 있겠다. 물론 당시에는 나도 엄마도 이걸 여행이라고 생각도 하지 않았지만. 아무튼 지금도 가끔 같이 라면을 먹을 때 "엄마, 그때 우리 차 타고 가면서 중간에 컵라면 먹은 거 기억나제?"라며 이야기를 꺼내면 엄마도 당연하다는 듯 맞장구친다. 그러니 이야기해보자면 아마 그 시간만큼 정확히 여행이라 부를 만한 시간을 찾기도 어려운 것 같다.

요즘은 시간이 흐른 만큼 그림도 조금 바뀌었다. 아버지가 함께 가지 못할 때면 운전석에 내가 앉고 보조석에 엄마가 앉으며 뒷좌석에 동생이 눕는다. 그러면 운전하는 나는 두고 엄마와 동생은 저마다 휴대폰을 보거나 요즘 있는 각

자의 일들을 떠들기도 하며 출발하는 것이다. 주로 방파제가 있는 기장의 바닷가나, 아난티-힐튼 산책로를 간다. 그렇게 조금 걷고 나서는 역시 맛있는 음식을 빼놓을 수 없다. 함께 바닷가를 보며 장어구이를 먹거나, 달맞이 고개의 레스토랑이며 카페를 들리기도 한다. 하나 이것들보다도 엄마가 좋아 보이는 때는 아마 주유소에 들를 때가 아닐까 싶다. 아직 기름이 모자라지 않더라도 굳이 주유소에 들러 "가득 넣어주세요."라며 내가 카드를 내밀면 엄마는 그게 그렇게 좋은 건지, 재밌는 건지 아무튼 제일 신나 하는 것 같은 모습이다.

뻔한 말일지도 모르지만, 여행의 본질은 '어디에서 무엇을'보다도 '누구와'가 먼저일 것이다. 같은 장소에서 같은 활동을 하더라도 아마도 분명 누구와 하는지보다 중요하지는 않을 것이다. 평소와 같은 컵라면, 같은 과일, 같은 믹스커피일지라도 좁은 차에서 그렇게나 맛있게 먹은 기억만큼은 지금도 선명하니까. 그러니까, 아마 이렇게 셋이서 함께 잠시 다녀오는 바닷가나 산책로 마실이나, 하다못해 주유소에서 기름을 넣는 장면들까지도 어떤 관점으로 보자면 아마 여행의 한 방식이지 싶다. 그러니 앞으로도 엄마와 함께 하는 평범하고 익숙한 순간들이 새로이 여행의 모양으로 차곡차곡 쌓이면, 그러면 좋겠다.

콩나물 다듬는 시간

콩나물 500원치 주세요.

이제 심부름도 잘하네.

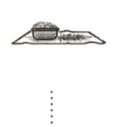

술을 꽤 좋아하는 편이다. 정확히 소주, 소주만 빼고 대부분의 주종을 즐긴다. 소주라고 안 마시지는 않지만 그 알코올 향이 부담스러운 편이다. 물론 주종도 중요하지만 더 중요한 건 사람이다. 술도 술이거니와 좋아하는 사람들과 함께 마시는 자리 자체가 즐거운 것이니까. 그러다 보면 다음 날 숙취로 고생할 때도 없지 않다. 이럴 때면 시원한 콩나물국밥 생각이 자연스레 난다. 콩나물국밥집에 가서 국밥을 시키면 자리에 앉아 수저를 꺼내고 물을 한 잔 마실 즈음이면 펄펄 끓는 콩나물국밥이 눈앞에 놓인다. 먼저 시원한 국물을 마시고 사각거리는 콩나물을 밥과 함께 씹어 삼키면 속이 싹 풀리는 느낌이 들며 '아, 이제 좀 살겠다' 싶은 것이다.

가족과 함께 살 때도 콩나물국이며 콩나물무침을 자주 먹곤 했는데, 우리 집 콩나물에는 꼬리가 없었다. 마트에 손질된 콩나물이 얼마나 잘 나오는지는 물론 알고 있다. 심지어 손질 안 된 것과 가격도 얼마 차이 나지 않는다는 것도. 그러거나 말거나 엄마는 시장에서 검은 비닐봉지에 담아주는 손질 안 된 콩나물을 산다. 그렇게 산 콩나물이란 놈이 꼬리를 어디에다가 혼자서 잘라먹을 리는 없고, 몇백 원 되지 않는 돈을 아끼느라 직접 품을 팔길 자처하는 엄마의 성격 때문이라 할까.

혼자 살면서부터 내가 직접 콩나물을 살 일은 없으니 지금 가격은 잘 모르겠지만, 엄마 손을 잡고 함께 시장에 갈 무렵에는 콩나물이 정말 쌌다. 꼭 시장까지 가지 않더라도 엄마가 내 손에 천 원짜리 한 장을 쥐여주며 심부름 보내곤 했는데, 그러면 집 앞 상가의 슈퍼에서 커다란 녹색 판에 든 두부 한 모를 오백 원에, 검정 비닐봉지에 콩나물 몇 움큼을 담아주면 그걸 또 오백 원에 샀다. 그럼 손에 쥐고 간 천 원짜리 한 장으로 정확히 셈이 맞았다.

내가 두부와 콩나물을 사 오면 요리하고 있던 엄마가 두부는 깍둑 썰어 끓는 중인 된장에 넣고, 콩나물은 냉장고에 넣어둔다. 요리가 모두 준비되면 가족이 모여 함께 저녁을 먹고 또 먹은 식탁을 정리하고서 설거지까지 마친다. 그럼 이제 다시 아까 냉장고에 모셔둔 콩나물을 꺼낼 차례가 되는 것이다. 먼저 TV 앞에다가 신문지를 널찍이 펴고 콩나물 더미를 쏟아붓는다. 그 앞에 앉아 TV를 보며 콩나물 대가리의 껍질을 까고 꼬리를 하나하나 다듬고 있노라면, 이제 내가 물 마시려고 방에서 나오다가 슬그머니 엄마 옆에 퍼질러 앉는다. 나도 주섬주섬 콩나물 대가리의 껍질을 까고 꼬리를 따면서 TV를 보다가, TV 프로그램을 두고 어찌니저찌니 말을 붙이면서 몇 마디 이야기를 주고받는 것이다. 그러다가 반쯤 다듬어가면 이제 안 할 법도 한데 질리지도 않고서 항상 이렇게 말한다.

"뭐 한다고 나와서 또 손에 묻히노. 들어가서 하던 거나 계속해라."

그러면 나는 천연덕스레 답한다. 지금 당장 할 게 없어서 하는 거니까 신경 쓰지 말라고. 이렇게 또 둘이서 아무 이야기나 하는 것이다.

생각해보면 그렇게 앉아서 꼭 콩나물만 손질한 것은 아니었다. 멸치도 손질된 건 또 비싸다며 그냥 통멸치를 사다가 그 한 마리 한 마리의 대가리와 내장을 떼고, 반으로 갈라 똥을 털어내는 수작업을 계속했다. 물론 나도 옆에서 거들며. 아주 가끔은 더덕이나 도라지, 마늘 같은 것도 손질했는데, 이때는 칼로 손질을 해야 하는지라 내가 직접 돕지는 못하고 옆에 앉아 두런두런 아무 말이나 나누곤 했다.

여덟아홉 살 무렵부터의 내가 그랬고, 시간이 차츰 흘러 나이를 한 살씩 더 먹으면서는 동생도 얼굴을 빼꼼 내밀며 슬금슬금 옆에 앉기 시작했다. 그렇다고 둘이나 셋이 모인다고 항상 도란도란 이야기하는 건 또 아니었다. 서로 별다른 말 없이 콩나물 꼬리나 멸치 내장을 떼며 후다닥 마치고서는, 방으로 들어가며 늦었으니 얼른 자자고 말할 때도 있긴 했는데, 아무튼 그랬다.

아, 그러고 보면 콩나물보다도 멸치가 정말 손이 많이 갔던 것 같다. 일일이 머리와 내장과 똥을 떼어내고서 망에 넣어 다시 끓는 물에 우려낸 뒤에, 유리병에 넣고 차갑게 식힌다. 충분히 식은 병을 랩으로 다시 감싼 뒤 냉장고에 보관하는 것까지. 이 복잡한 과정 전부를 빠뜨리지 않고 정성껏 해내야 멸치 육수 한 통이 완성되는 것이었다.

그러던 차에 내가 최근에 '멸치 큐브'라는 물건을 알게 되어 집으로 택배를 보내봤다. 직접 써보진 않았지만 엄마의 말에 따르면 멸치 큐브는 정말 신통방통한 물건이라 한다. 가격도 얼마 안 하는 것이 멸치 육수 만드는 복잡한 과정을 모두 생략하게 해준다. 그냥 라면에 수프를 넣듯 요리에 멸치 큐브 한 알을 넣어주면 깔끔하게 감칠맛 도는 육수가 완성되는 것이다.

엄마는 멸치 큐브를 한번 사용해보더니 어쩌면 이렇게 편한 데다가 맛도 좋은 게 있냐며, 크게 만족하셨다. 가격도 얼마 안 하니 부담 갖지 말고 마음껏 사용하다가 다 써 갈 때쯤 말씀 주시면 바로 다시 또 보내드리겠다고, 그렇게 이야기했다. 얼마 차이 나지 않는 가격에 직접 사서 써보면 이렇게나 편리한 것을. 아니 그 수고를 생각하자면 정말 하나도 아깝지 않은 가격인 것을. 다듬은 콩나물도 마찬가지일 텐데. 그럼에도 여전히 한편으로는 미련하게 콩나물을 사다가 직접 손질하는 고집이 떠올라 아주 조금은 답답하긴 했지만.

아무쪼록 요즘도 집을 내려갈 때면 간혹 엄마가 TV 앞에서 콩나물을 다듬고는 한다. 그럴 때면 나도 언제나처럼 옆에 슬그머니 앉아 손을 보태고는 한다. 그러고 있노라면 어릴 적부터 이렇게 앉아서 함께 보낸 시간들이 머릿속을 스쳐 가는 것이다. 지금 생각해보자면 이런 시간들이 음, 그냥 뭐라 할까. 그래, 가족. 가족의 냄새가 가장 진하게 배어 있는 시간이 아닐까 싶기도 하다.

반찬 뭘 이리 많이 해왔냐며 볼멘소리 하고
먹으란 소리 제발 그만하라고 짜증도 내지만
사실 이 모두 한 번도 없었던 적이 없어서
할 수 있는 배부른 투덜거림임을, 나도 안다.

엄마에게 전화 한 통을

우연한 계기로 〈나이가 들어도 엄마는 예쁘네〉를 쓰기 시작하면서 내 마음속 어딘가에는 으쓱한 마음이 차올랐다. 주변에 글 한번 읽어봐 달라 보내주면서도 아닌척했지만, 엄마를 위해 글을 쓴다는 자체가 꽤나 번듯하고 근사한 일이라고 생각했던 마음이 한 켠에 있었단 걸 부정하기는 어렵겠다. 하지만 과거의 추억을 글로 쓸 때의 즐거움보다 다음 이야깃거리로 무얼 써야 할지 고민이 커지는 중반 무렵이 되자, 굳이 마주치고 싶지 않던 진실 하나가 나를 덮쳐왔다. 무슨 미사여구를 붙이건 효도는 결국 자기만족이라는 진실.

  이 글도 엄마에게 전하려고 썼다지만 사실 완성도 전에 으쓱한 마음이 먼저 차올랐던 것처럼, 과거를 곱씹어보면 나는 항상 내가 먼저였다. 어색해하는 엄마에게 생일날 비싼 옷을 사주면서, 고급 스시야에 모셔가면서, 안 가본 해외여행을 보내드리면서 즐겁고 뿌듯한 사람은, 엄마가 아니라 나였다. 나는 내가 좋아하는 것, 좋아한다고 생각하는 활동들을 엄마에게 선물하고 함께하며 막연히 엄마가 좋아하기를 바랐다. 정말로 엄마가 좋아하는 것이 무엇인지, 무얼 할 때 즐거워하는지는 이런 글을 쓰고 있는 지금도 잘 모르겠다.

예전에는 엄마에게도 수많은 엄마의 모습이 있있을 터다. 외할아버지와 외할머니의 딸인 엄마, 외삼촌과 이모들의 귀여운 막냇동생인 엄마, 젊은 시절 일하고 돈 벌며 멋지게 지내던 엄마, 누군가의 친구인 엄마를 비롯해 셀 수 없이 많은 엄마가 있었을 것이다. 그 많고 많았을 엄마의 모습 중에 내가 잘 아는 엄마는 기껏해야 '엄마'인 엄마 정도밖에 없다. 조금 더 솔직히 말해, '엄마'인 엄마 이외에는 추억을 되짚으면서 그 그림자나 언뜻 볼 수 있을까, 이제 와서 보자면 무수히 많았을 엄마의 모습들은 대부분 과거의 시간에 멈춰버린 것 같기도 하다. 결국 내가 알 수 있는 엄마는 무슨 일이 있건 나와 동생부터 생각하는 엄마, 좋은 게 있으면 나와 동생에게 먼저 건네는 엄마밖에 없는 셈이다. 그러니 엄마가 좋아하는 것, 하고 싶은 것보다 내가 좋아하는 것과 하고 싶은 일들을 함께하려고 하는 마음에 나름 그럴듯한 핑계는 댈 수 있겠다. 그만큼 엄마에 대해 알기가 어려우니 내가 좋아하는 것을 건네고, 좋다고 생각하는 걸 함께하자고 하는 거라고.

결론적으로 이러나저러나 내 효도와 실천의 사이에는 홀로 뿌듯한 나만 있었을 뿐, 진짜 엄마를 생각하는 마음은 생각보다 얕았을지도 모른다. 이렇게 글을 남기며 나름 성찰하는 시늉을 한다지만 이런 생각을 한들, 앞으로 내 행동이 바뀌지 않으리라는 것도 잘 알고 있다. 나는 이렇게 생각하면서도 내가 좋아하는 걸 선물하고 좋다고 생각하는 활동을 강요할 예정이다. 변명 아닌 변명을 하자면 조금 더 젊다는 이유로 더 많이 살피고 찾아보는 내가 좋아하는 게 정말 좋으리라 생각하니까. 또 막연히 엄마에게도 그렇게 다가가길 바라니까. 그러니 속마음을 솔직히 표현하자면 엄마의 취향이 아니라도 상관없으니, 억지로라도 정말 좋은 옷을 입히고 싶은 심정이랄까. 그래서 효도가 아니라 자기만족이라는 평은 더없이 정확한 표현일 것이다.

다른 에피소드의 어디 한 번쯤 나왔던 표현, 앞으로도 영원히 효자는 못될 거고 후회할 일들만 남을 거란 이야기는 사실 이런 맥락에서 이어지는 이야기였다. 나의 자기중심적인 효도, 몸에 맞지 않는 옷 같은 효도를 받는 엄마에게 내가 바라는 방식의 감동은 전해지지 않으리란 길 잘 알고 있다. 그렇다고 굳이 낙담하거나 실망하지는 않는다. 정확히 내가 바라는 감동은 아니라 할지라도, 내가 엄마를 생각하고 위한다는 그 진심만큼은 전해지리란 걸 잘 알고 있으니까. 비록 엄마가 바라는 것이 아닐지라도, 정말로 엄마가 좋아하는 것이 아닐지라도 그 마음만큼은 내가 전하고 싶은 이상으로 전달되리라는 걸 안다. 자식의 사소한 선물에도 넘치도록 감동하는 게 엄마니까. 세상의 모든 엄마가 그러니까.

그래서 한 번은 이러고 싶었다. 온 마음을 다해 시간과 정성과 노력을 아끼지 않고, 오롯이 엄마만을 위한 선물을 마련하고 싶었다. 이 책에 쓰인 글들은 이런 마음으로 완성되었다. 이 또한 자기만족이라 할지라도. 그래, 그럼에도.

또 이런 마음이 비단 나만의 것은 아니지 않을까 싶다. 이 글을 읽는 모든 자식의 마음도 크게 다르지 않을 것이다. 그래서 이 글을 읽고서 엄마에게 전화 한 통 하고 싶은 마음이 든다면 그걸로 이 글은 역할을 다했다고 할 수 있겠다. 다만, 조심스레 자그마한 욕심을 부려보고 싶기는 하다. 내 기대보다 한 발만 더 나아간 바람을 말해본다.

이 글을 읽는 당신이 엄마에게 전화 한 통을 걸고서 이런저런 이야기를 나누다가 전화를 끊기 전에, 두서없이 사랑한다고 말하면 좋겠다. 연인에게는 어쩌면 어렵지 않게 하는 그 말을, 엄마에게 한 번만 전하면 더할 나위 없겠다. 어떤 이유도 목적도 없이, 그냥 그러면 좋겠다.

언젠간 이렇게

그래, 분명 이렇게…

이별의 순간이 다가올 텐데

그 순간이 오기 전까지

효자는 못 될지라도

이 말은 한 번이라도 더 해야지

엄마, 사랑해

나이가 들어도 엄마는 예쁘네

초판 1쇄 2021년 9월 6일

지은이 · 박현
그린이 · 김인현
디자인 · dal

펴낸곳 · 일요일오후
등록일 · 2021년 3월 26일 제2021-000031호
이메일 · booknsunday@naver.com
인스타 · @booknsunday

ⓒ 박현, 2021
14,000원
ISBN 979-11-975314-0-8 03810

· 이 책의 무단 전재 및 복제를 금합니다.